마지막
신라인과 남산을
거닐다

-포함과 무애의 공간,
경주 남산 둘레길-

**마지막
신라인과 남산을
거닐다**

초판 1쇄 인쇄 2025년 7월 10일
초판 1쇄 발행 2025년 7월 15일

지은이 / 정빈나
인　쇄 / 북토리

펴낸곳 / 도서출판 **동과서**
경기 고양시 일산서구 송파로 151번길 24
등록번호 / 제22 - 405호
D.K.S. Publishing Co.
24, Songpa-ro 151 beon-gil, Ilsanseo-gu,
Goyang-si, Gyeonggi-do, Korea

전화 / (02)333-7533
팩스 / (02)6280-2353

값 17,000원

ISBN 978-89-6525-169-9 (03900)

잘못된 책은 교환해 드립니다.

마지막 신라인과 남산을 거닐다

-포함과 무애의 공간, 경주 남산 둘레길-

정 빈 나

동과서

저자 : 정빈나(鄭斌旎)

성균관대학교에서 중국철학으로 철학박사학위를 취득하였다(2022). 감리교신학대학교, 성균관대학교, 한국외국어대학교 등에 출강하는 한편 성균관대학교 동양철학 · 문화연구소 연구원을 맡고 있다. 저서는 『한중일 동양3국의 혁신유학』(2022, 공저), 『철학자와 예술가의 이야기마당』(2021, 공저), 『철학자의 창고』(2022, 공저)가 있다. 「유학의 '서'와 기독교의 '용서' 관념 간의 대화」(2024), 「혐오에 저항하는 실천주체로서의 군자상에 관한 연구」(2023), 「청대 학술사에 나타난 유교 지식론의 사상적 전환」(2022) 등의 논문을 발표하였다.

일러두기 :

"이 책은 고청 윤경렬 선생의 자서전 『마지막 신라인 윤경렬』(서울: 학고재, 1997)과 선생께서 경주 남산의 모든 골짜기를 답사하고 쓴 역작 『겨레의 땅 부처님 땅』(서울: 불지사, 1993), 어린이들을 위해 쓴 책 『신라 이야기 1, 2』(서울: 창작과비평사, 1991)에서 주요한 내용을 발췌하여 대화체로 각색하였습니다."

이 저서는 2024년 대한민국 교육부와 국립안동대학교 글로컬대학사업단 K-인문 프런티어 공동연구 사업의 지원을 받아 수행된 연구임

책을 여는 글

경주 남산은 신라의 역사와 문화를 산 전체에 걸쳐 품고 있습니다. 남산 밑 나정에서 박혁거세가 탄생하면서부터 신라 천년의 역사가 시작되었으며, 서라벌을 지켜온 산성 4개소가 남산에 세워졌으며, 남산 아래 포석정에서 경애왕이 견훤에게 죽임을 당하며 신라는 망국을 향해 달려간 것이지요. 이렇게 신라가 천년을 이어오는 동안 남산에 조성된 문화유산들은 왕릉 13기, 산성터 4개, 절터 150개소, 불상 130여 구, 탑 100여 기 등에 이릅니다.

남산은 서라벌을 지키는 산이자 서라벌이라는 속세 옆에서 해탈의 길을 열어주는 공간이기도 했습니다. 바위마다 있는 부처님과 봉우리마다 세워진 탑과 빈터마다 들어선 절은 모두 속세의 번뇌에서 벗어나 해탈을 얻으려는 원념의 소산이지요. 그러나 불교에서 해탈과 사바의 세계를 나누어 어느 한쪽을 버리지 않듯이 서라벌과 남산은 별개가 아닙니다. 해탈의 길을 찾으러 남산에 온 이들도 속세의 기준으로 구분되지 않았습니다. 그래서 남산에는 백성의 얼굴과 삶을 닮은 소박한 불상에서부터 불국토의 이상을 담은 정묘

한 불상들과 석탑들까지 한 공간 안에 담겨 있으며, 성(聖)과 속(俗)이나 부귀(富貴)와 빈천(貧賤)과 같은 속세의 온갖 구별이 무애(無涯)하게 하나가 됩니다. 원효대사께서 추구했던 바로 그 무애이지요.

남산이 해탈과 사바라는 구분을 넘어선 무애한 공간이라는 말은 최치원이 말한 '풍류(風流)'와 '포함삼교(包含三敎)'의 속뜻과도 닿아 있을 것입니다. 몸글에서 고청 선생과 최치원과의 대화를 통해 밝히겠지만, 최치원은 신라 외부에서 들어온 사상인 유교와 불교와 도가 셋을[삼교三敎] 한꺼번에 아우르고[포함包含] 셋을 아울러서 만들어낸 결과물로 여러 생명[군생群生]과 접촉하여[접接] 변화시키고 온갖 조화를 일으키는[화化] 것이 풍류라고 말합니다. 셋을 달리 보지 않고 하나로 아울러 뭇 생명을 살리는 조화의 길을 추구하는 데 최치원의 풍류가 있다면, 남산이야말로 유교와 불교와 도가를 비롯해 서로 다른 길이라고 여겨지는 모든 것을 하나로 만드는 공간이니 실로 무애이자 포함입니다. 최치원이 남산에서 자기 사유를 닦았던 이유도 여기에 있을 것입니다.

그렇다면 경주 남산이 담고 있는 '포함'과 '무애'의 의미와 가치를 우리 앞에 생생하게 그려내기 위해서는 어디서부터 출발해야만 할까요? 이 물음에 답하려면 오랜 세월에 걸쳐 남산 구석구석에 세워진 문화유산들을 누구보다 잘 아는 안내자가 필요합니다. 그리고 그 안내자를 따라 남산의 역사를 돌아보고 남산에서 '포함'과 '무애'의 길을 찾았던 인물들을 만나보아야 하겠습니다. 그런데 문제는 남산이라는 산이 산 자체로도 골이 깊고 변화무쌍한 능선을 이루는 복잡한 산인 데다 이름 있는 골짜기만 해도 스물여섯이나 되는, 작지만 깊은 산이라는 데 있습니다. 깊고 복잡한 남산의 골짜기마다 세워진 수많은 문화유산을 어떻게 둘러보아야 잘 볼 수 있을까요? 그저 보기만 하는 데 그치지 않고 눈을 열어 포함과 무애의 가치를 찾아내려면 어떤 방법이 있을까요?

다행히도 우리에게는 경주 남산의 스물여섯 골짜기를 모두 자기 발로 직접 걸어 보고 그 안에 어떤 문화유산이 숨어 있는지 누구보다 깊이 살펴본 이가 있습니다. 바로 이 글의 화자로 모실 고청 윤경렬(古靑 尹京烈, 1916~1999, 이하 고청) 선생입니다. 고청은 고향 함경북도 주을에서 경상북도 경주까지 내려와 마지막 신라인이 된 분입니다. 신라와 한국 문화의 아름다움을 연구하고 널리 알리는 일에 평생을 바쳐 '살아 있는 신라인'으로 불렸고 자서전에서도 스스로 『마지막 신라인 윤경렬』이라는 제목을 붙였습니다. 아름다움을 향한 한없는 경외심을 품은 채 오롯이 경주와 신라를 끌어안고 살아온 이의 삶에서 포함과 무애의 가치는 어떻게 드러날까요? 이를 추적하기 위해 이 책에서는 고청의 자서전에 담긴 내용을 빌려 그 생애와 남산에 관해 연구한 이야기를 구술의 형식으로 재구성할 것입니다.

고청은 옛 고구려 땅이고 여진족의 옛 터전이었다는 함경북도 주을에서 1916년에 태어났습니다. 어린 시절 고청은 서양화가였던 큰 형 상렬의 영향을 받아 그림 그리기를 좋아했고 그림 그리는 일만큼이나 흙으로 만든 토우 인형에 흥미를 느끼고 직접 만들어 보기도 좋아했답니다. 고청에 따르면 일본 사람이 조선 사람과 조선 풍속을 우스꽝스럽게 그려낸 인형들을 보고 화가 나서 "내가 조선 사람의 모습을 더 아름답고 보기 좋게 그려낸 인형을 만들겠다"는 마음을 먹고 직접 인형을 만들었다고 합니다. 인형과 토우에 대한 흥미는 인형을 만드는 일을 업으로 삼아 보겠다는 결심으로 이어졌습니다. 그래서 고청은 인형 그리고 아름다움을 향한 관심 하나로 고향을 떠날 결단을 내립니다. 그는 주을을 떠나 일본으로 건너가 하카타(현 후쿠오카)에 있는 나카노코 인형연구소에서 3년 반 동안 인형 제작을 배워 평생의 업으로 삼았습니다.

둘째 형님의 부고를 듣고 일본에서 돌아와 귀향한 뒤에도 아름다움을 향한 관심은 그치지 않았습니다. 그의 배움은 인형 제작을 거쳐 단청 공부로 이어지고 단청을 배우면서 우리나라 사람들의 색감에 대한 이해도 생겨났습니다. 그 뒤로 고청의 삶은 옛 수도의 문화유산이 남아있는 도시를 따라 이어졌습니다. 처음에는 고려의 수도 개성을 향했고 개성이 북한으로 넘어간 뒤로는 평생을 신라의 땅 경주에서 보냈습니다.

고청이 개성을 거쳐 경주로 향하게 된 계기는 공교롭게도 한국 미술사의 시조였던 우현 고유섭 선생에게 있습니다. 일본에서 돌아온 뒤 고청은 경기도 개성에서 자리를 잡고 학교에서 미술을 가르치고 인형을 만드는 일을 하다 우현 선생을 만납니다. 우현 선생은 고청에게 "신라를 알고 싶으면 경주에 가 살아라. 겨레의 혼을 알고 싶으면 서라벌의 흙냄새를 맡아라. 한국 불교의 원류를 찾으려 한다면 경주 남산에 가 보아라"라는 가르침을 내립니다. 몸이 태어난 고향인 함경북도 주을은 남북분단과 한국전쟁 이후로 갈래야 갈 수 없는 땅이 되었기에, 고청은 분단 이후 그대로 경주에 정착

해 그곳을 제2의 고향으로 삼았습니다.

고청은 경주에 살면서 근화여중 미술 교사로 근무하는 한편 풍속 인형연구소 고청사(古靑舍)를 세워 신라인의 얼굴과 풍속을 기초로 한 인형과 기념품을 만들며 생애를 보냈습니다. 오늘날까지 이어지는 〈경주 어린이 박물관학교〉를 설립해 어린이들에게 신라와 한국 문화유산의 아름다움과 자긍심을 심어주는 일을 해 왔으며, 옛 역사 기록과 함께 남산을 구석구석 답사하여 『겨레의 땅 부처님 땅』이라는 역작을 남긴 뒤 1999년 세상을 떠납니다.

옛 고구려와 여진의 땅에서 태어난 소년이 일본에서 인형 만드는 법을 배워서 한국 토우를 만들며 살다가 분단과 실향의 아픔을 안고 경주에 내려와 평생을 마지막 신라인으로 살다 가기까지, 고청의 삶은 신라의 아름다움을 찾아내고 이를 오늘날 한국의 문화유산으로 자리매김하여 널리 알리는 일에 오롯이 바쳐졌습니다. 고청이 찾아낸 신라의 아름다움, 한국의 아름다움이 가지는 특색은 무엇일까요? 일본인들 앞에서 가진 강연을 통해, 고청은 중국이나 일본과 다른 신라와 한국만의 아름다움이 갖는 특색을 다음과 같이 정의합니다.

"일본 사람들은 한국 사람들이 물감을 만들 줄 모르는 민족이라서 흰옷을 입는다고 가르쳤고, 야나기 무네요시는 한국 민족은 색깔의 즐거움을 모르는 한 많은 민족이라 하였습니다. … 색깔의 즐거움을 모르는 민족이 어떻게 무지개를 엮어 색동저고리를 만들었겠습니까? 어떻게 추상화 보자기를 만들었겠습니까? 사자나 귀신 도깨비들이 웃고 있는 나라를 보셨습니까? 한국을 비애의 나라, 한 많은 나라로 본 것은 잘못입니다. 통일신라의 미에 특징이 있다면 고구려적인 억셈과 백제적인 부드러움이 한 몸에 있다는 점입니다. 신라의 아름다움에는 작은 것에 큰 것이 숨겨져 있으니 그저 쉽게 보지 마십시오. … 한국말로 제일 좋은 것을 '아름답다'라고 하는데, 두 손을 마주대고 앞에 든 것을 '한아름'이라고 하니 '아름답다'는 결함 없이 둥글다는 뜻입니다. 즉 원만하다는 말인데, 우리나라 기와집의 추녀선이라든가 장독이나 김칫독의 윤곽선을 길게 연장하여 그어보십시오. 아름답지 않은 것이 있던가요? 일본에 계신 여러분께서는 한국에 직접 오셔서 한국을 바르게 이해해주시기 바랍니다. 그것은 동양 평화, 인류 사회의 평화를 위해서입니다."[1]

여기서 고청은 그때까지의 통념을 깨는 발견을 소개합니다. '백의민족'이라는 별명은 일제에 의해 심어진 자기비하의 소산이라는 것이지요. 한민족은 색깔의 즐거움도 물감 만들 줄도 몰라 흰옷만 입은 민족이 아니라, 오히려 색깔에서 느끼는 즐거움을 무지개 색동저고리와 추상화 보자기로 만들어낼 줄 아는 민족이라고 고청은 역설합니다. 이는 그가 평생에 걸쳐 인형을 빚으며 풍속과 문물을 깊이 관찰해 왔기에 가능한 발상입니다. 나아가 고청은 신라의 아름다움을 고구려의 억셈과 백제의 부드러움이라고 할 만한 차이를 하나로 융합하는 데 있다고 정의합니다. 고청의 생각을 빌어 말하자면 신라인들은 통일 이전까지 적대하던 세 나라 사람들이 만들

1) 윤경렬, 『마지막 신라인 윤경렬』(서울: 학고재, 1997), 242~244쪽.

어낸 아름다움과 그 속에 담긴 다양성을 배척하지 않고 하나로 일치시켜 석굴암과 안압지, 그리고 남산의 불상과 석탑들에 담긴 아름다움을 만들어냈던 것입니다.

여기서 우리는 본문의 첫머리에서 소개했던 '포함'과 '무애'의 가치가 신라의 아름다움 속에 이미 담겨 있음을 발견합니다. 고청은 신라의 아름다움 하나를 줄기차게 파고들어 삼국의 아름다움이 신라에서 하나로 '포함'되고 '무애'하게 된다는 더 넓고 깊은 가치에 도달합니다. 이는 그가 신라의 아름다움을 일컬어 "작은 것에 큰 것이 숨겨져 있고, 작은 탑이 산과 연결되어 구름이 걸릴 듯한 높은 탑으로 승화하고, 만들다가 만 듯한 미완성 불상이 뒤편 바위산과 연결되어 산봉우리가 법당으로 변한다"라고 말한 것과 그대로 통합니다.[2] 작은 탑이 주변을 둘러싼 산과 조화를 이룰 때, 불상이 불상 뒤편에 솟은 산과 조화를 이룰 때 둘은 그야말로 묘합(妙合)을 이뤄 산과 불상, 산과 탑의 구분이 없이 무애하게 더 큰 형상으로 거듭나기에 이르기 때문입니다.

그래서 이 책에서는 신라의 아름다움을 향한 고청의 생애가 이렇게 '포함'과 '무애'로 자연스럽게 귀결되는 과정을 보여주기 위해 남산에서 살다 간 원효와 최치원과 김시습 세 분이 고청과 대화하는 형식을 빌려 오려 합니다. 고청과 원효, 최치원, 김시습과의 대화라는 플롯을 짜려면 남산 구석구석에 묻어 있는 세 사람의 흔적을 찾아야 하겠습니다. 이 세 분은 각자 몸담은 사유의 틀은 달랐지만, 그 틀에 갇히지 않고 자유로이 왕래하신 분들입니다. 원효가

---

2) 위의 책, 243쪽.

표방했던 '무애'한 민중불교의 이상은 남산 바위에 얼기설기 새겨진 소박한 부처님들 속에 들어 있습니다. 그리고 원효가 요석공주를 얻어 설총을 얻기에 이른 파계의 시작은 남산 초입에 걸려 있는 월정교였습니다.

말기에 접어들어 조락하는 신라를 일으켜 세우려던 최치원의 이상을 길러준 곳은 남산 문턱 상서장과 건너편 낭산 독서당입니다. 매월당 김시습은 세조가 단종을 내쫓고 왕위를 찬탈했던 계유정난(癸酉靖難) 이후 속세를 등지고 승려가 되어 남산 용장골 용장사에 주석하며 조선 최초의 소설집 『금오신화(金鰲新話)』를 집필합니다. 이는 유학에서 배척하던 괴력난신까지도 끌어안아 인간사의 고뇌와 슬픔을 그려낸 작품이지요. 소설에서 김시습은 꿈속을 거닐며 인연을 맺거나 속세의 부질없음을 깨닫는 인물들을 여럿 등장시키는데, 이런 양식의 소설을 몽유소설(夢遊小說)이라고 한답니다. 그래서 저도 김시습을 본따 이 글을 고청 선생의 몽유기(夢遊記)로 꾸며볼까 합니다. 고청의 발걸음은 최씨 집안에서 출발해 원효와 요석공주와 충담 스님의 이야기가 담긴 월정교를 건너 남산으로 향할 것입니다.

이제 이 네 분이 살다 간 남산 그리고 경주 속으로 고청의 꿈길을 따라 들어가 봅시다. 1999년, 선생의 마지막 해 어느 날 오후입니다.

차 례

고청사(현 고청생활관) 전경

1. 꼴꼴꼴, 술 따르는 오후

내 이름은 윤경렬(尹京烈)입니다. 스스로 지은 호(號)는 '고청(古靑)'이지요. 젊었을 적 일본에 건너가 인형과 토우 만들기를 배워 고향 주을 땅으로 돌아왔을 때는 모두 철이 들어 익었는데 나만 홀로 익지 못해 아직 푸르다는 뜻으로 '고청(孤靑)'이라 호를 지었는데, 사람들이 다들 홀로 고고하고 청청하다는 뜻으로 새기더군요. 그런 뜻이 결코 아닌데요. 그래서 경주에 내려오면서는 '외로울 고(孤)' 자를 '옛 고(古)' 자로 바꿨습니다. 옛날 속에서 푸르게 산다는 뜻이지요. 누군가 제게 '마지막 신라인'이라는 근사한 이름을 붙여줬는데, 평생 옛날 신라의 불상과 조각과 토우와 토기 등을 가까이 두고 배우고 익히고 즐기고 기뻐하다가 그렇게 배워서 얻은 기쁨을 이웃이나 어린이들과 함께 나누며 살다 보니 붙여 준 이름이 아닐까 싶네요.

옛날 속에서 푸르름을 잃지 않고 청청하게 살다 보니 이제 내 나이 팔십이 넘었습니다. 함경북도 주을 고향 땅을 떠나 경주에 터를 잡은 뒤로 이곳에서 많은 스승과 벗들을 만났지요. 개성에 처자식과 부모님을 두고 경주로 내려와 경주박물관장으로 일하셨던 진홍섭 선생님, 대시인으로 명성을 떨치셨던 유치환 경주고 교장 선생님 등 며칠이고 함께 술을 나누고 신라 문화를 이야기하고 어린이 박물관학교를 세워 보자고 뜻을 모았던 이들이 다 떠났고 함께 남산을 오르고 대작하며 해로했던 아내 순이도 이 세상 사람이 아닙니다. 아들 광주는 문화재 복원 일로 바쁘고 큰딸 소희는 대학에서 가야금을 가르치고 막내딸 자희는 북경에서 불교 회화를 공부합니다. 모두 아비를 떠나 독립해서 대처에 나가 사니 옛날에는 손님으로 자식들로 시끌벅적했던 저의 집이자 인형 만드는 작업장인 고청사(古靑舍)도 매양 조용하기만 합니다.

경주 남산의 북쪽 끝자락과 경주박물관 사이에 아담한 마을이 있으니 양지마을이라 부릅니다. 남천을 중심으로 동쪽을 양지마을, 서쪽을 음지마을이라고 합니다. 양지마을은 아침에 뜬 해가 온종일 마을을 비추다가 서산으로 넘어가고 나면, 그 남긴 마지막 열이 동네를 따뜻하게 보듬어주기 때문에 그런 이름을 가지게 되었습니다. 게다가 남천 제방이 생기기 전에는 남천의 양쪽 강변에 수양버들이 늘어져 있어 경치가 아주 좋았습니다. 제가 살고 일하는 고청사가 바로 여기 있습니다.

고청사에서 적적한 나날을 보내며 누리는 몇 안 되는 즐거움이란 오후 무렵 앞산 너머 부처골 감실부처님이 계실 쪽을 바라보며 팔각 개다리 괴목 소반에 고량주가 담긴 청자 술병을 올려놓고 고량주 한 잔 드는 일입니다. 몇 년 전 제가 미술교사로 근무하던 근화여중 앞에서 만난 최차란 여사라는 분이 골동품점을 그만두고 도자기 굽는 가마를 차렸는데 외국에까지 수출할 만큼 성공했지요. 그 최 여사가 선물한 목이 가늘고 기다란 상감청자 술병에 담긴 고량주를 잔에 따를 때면 술 떨어지는 소리가 '꼴꼴꼴' 하고 납니다. 몸통은 동그랗고 목은 가늘게 빠져 살짝 휘었고 몸통과 목을 잇는 부분은 대나무 마디처럼 볼록하게 생긴 술병입니다. 어느 부분에서 이런 소리가 나게 하는지 몰라도 이 술병을 기울여 술을 따르면 졸졸 흐르던 계곡물이 문득 바위샘을 만나 그 위로 떨어지며 나는 듯 '꼴꼴꼴' 소리가 맑게 울리는데 그 소리만으로도 벌써 취기가 오를 듯한 기분입니다.

술병을 올려놓는 소반도 귀물(貴物)이지요. 서울로 이사 간다는 친구가 대대로 전해온 물건이라고 선물로 주고 갔는데, 처음에는 먼지가 잔뜩 끼고 낡을 대로 낡은 이 소반을 왜 대대로 물려주고 물려받았는지 알 수가 없었습니다. 하지만 그래도 조상 때부터 써온 물건인데 이 친구가 다른 사람도 아니고 하필 나 같은 함경도 뜨내기에게 특별히 주고 갈 정도라면 무슨 뜻이 있으리라 믿고 날마다 행주로 닦아 가며 친구를 대하듯 소중하게 써 왔습니다. 그러자 어떻게 되었을까요? 이제는 반짝반짝 빛나는 모습이 마치 기름을 발라놓은 듯합니다. 세월이 거꾸로 가는 듯한 물건이지요. 처음 샀을 때 반짝이다가 시간이 가면 낡고 초라해지기보다는 반대로 시간이 갈수록 빛을 더하고 마지막에 가장 아름다운 빛을 발하는 물건이 더 좋겠구나 싶습니다. 사람도 마찬가지겠지요. 유종의 미라는 말도 있듯이요.

술 한 잔 따라놓고 자작하려다 잡생각이 길었습니다. 고량주 한 잔이 두 잔이 되고 석 잔이 되다 보면 잡생각들은 지워지려나요. 6.25 전쟁 뒤끝에서 주종을 불문하고 하해와 같은 억겁의 술을 마시고 또 마셨던 스승과 벗들에 대한 기억은 잔을 들수록 떠오릅니다. 더 먼 길을 거슬러 올라간 기억은 살아 못 돌아갈 고향 땅에 이릅니다. 백두산을 타고 내려온 마천령산맥과 함경북도 한복판에 걸쳐 있는 함경산맥이 만난 곳에 험준한 산들이 여럿 솟아 있는데 그중에서도 관모봉(冠帽峰), 내 고향 말로는 갈미봉이라고 부르는 백두산 다음 가는 높은 산 동쪽 기슭 주을(朱乙) 땅 중향동(仲鄉洞)이 제 고향입니다. 온천이 줄줄이 이어져 '줄온보'라고도 부르는 곳이었지요. 갈미봉 동쪽 기슭으로는 역시 백두산에서부터 내려왔을 땅기운이 만든 온천이 여기저기 솟아나는데 그래서 붙여진 이름일 것입니다. 우리 역사를 되짚어 보면 내 고향은 옛적 여진족이 말을 타고 달리던 땅이었으리라 생각합니다. '주을'이란 이름도 본래는 여진족 말로 '뜨거운 물'이라는 뜻이었다는군요. 더 거슬러 올라가면 이 땅이야말로 고구려 옛 땅이었겠습니다. 그러니 저는 고구려 옛 영토에서 여진족 말로 이름이 붙은 동네에 태어나 신라의 왕성 서라벌에서 한 생애를 보낸 셈입니다.

주을에서는 5월이 되어도 눈이 녹지를 않았습니다. 그런 땅에 우리 집은 과수원을 했었는데, 그 과수원에 온갖 꽃들이 5월을 맞아 한꺼번에 피면 그때까지 녹지 않은 하얀 눈과 어우러져 참 장관이었습니다. 집 앞에 흐르는 주을천 냇물에서는 동무들과 물놀이도 하고 낚시도 하며 놀았습니다. 경주에서 동해로 흘러가는 냇물은 감은사 터 앞을 지나 대왕암 쪽으로 흘러가는 대종천(大鐘川)이 있는데, 감은사 터와 대왕암을 보러 갈 때마다 대종천 냇물이 동해로 흘러가면 내 고향 주을천 냇물과 만나 한 바다가 되겠거니 싶었던 적이 있었습니다. 대왕암 앞 푸른 동해바다 빛은 어렸을 적 내 고향 앞바다 빛깔과 다르지 않았습니다. 냇물도 바다에서 만나고 바다빛깔도 남쪽과 북쪽이 여일(如一)한데 내 고향 동무들, 친지들, 가족들 만날 길은 하나도 없었습니다.

고량주 잔이 더하고 취기가 오를수록 어린 시절 기억은 선명해집니다. 서울에(당시 말로는 경성(京城)이었지요. 제 고향 경성(鏡成)

과는 공교롭게 소리가 같습니다) 계시면서 그림을 그리시고 연극의 무대장치를 설치하는 일을 하시던 맏이 상렬 형님은 소파 방정환 선생님이 펴내던 〈어린이〉 잡지를 매달 보내주셨습니다. 그 안에는 전설을 들려주겠다는 식으로 우리 역사 이야기가 여럿 실려 있었습니다. 그중에서도 경주를 무대로 한 신라의 이야기들은 읽을수록 재미있었지요. 계림에서 태어난 김알지 이야기, 나정에서 박혁거세가 탄생해 신라를 세운 이야기, 석탈해가 호공에게 집을 얻고 나라를 얻은 이야기 등 경주와 신라의 이야기는 찬란하고 신비하기만 했습니다. 어린 시절 형님 덕에 접했던 옛이야기들이 제 안에서 싹을 틔워서는 고유섭 선생님, 오지호 선생님 같은 큰 스승님들이 인도하신 길을 따라 경주로 가게 했구나 싶습니다.

그런데 막상 학교에 가면 우리 역사 이야기는 들을 길이 없었습니다. 제가 학교에서 제일 처음 배운 노래는 '학도가' 등의 일본 창가였습니다. 임진왜란을 배우면서도 이순신 장군의 이름은 들어본 적이 없었고, 석굴암이나 불국사를 공부하면서도 당나라 사람들이 만든 것으로 들어야 했습니다. 역사, 문학, 음악, 미술 등 모든 분야가 그런 식이었습니다. 일본은 우리의 문화전통을 불모지라 했고, 그나마 있는 것도 천한 것이라고 가르쳤던 시절이었습니다. '조센징'이라고 불리는 우리들의 옛 조상들이 세운 나라는 망하지 않을 수 없을 만큼 열등한 불모의 나라여서 망했고, 열등한 이 나라를 일본이 애써 깨우쳐 주고 있다는 이야기를 들어야 했습니다. 나는 이미 형님 덕분에 우리 역사가 얼마나 찬란하고 신비한 이야기들로 가득 차 있는지 알고 있었는데 막상 학교에 가면 괴롭고 자존

심이 상하는 이야기를 들어야 했습니다.

화가 형님을 두었던 까닭인지 저 역시 그림 그리는 것을 좋아했습니다. 형님이 가져오신 일본판 『세계명화집』을 뒤적이며 연필로 스케치하다가 어쩌다 물감을 얻어 채색이라도 하는 날이면 저도 화가가 된 것 같았습니다. 그런데 그림보다 좋았던 게 흙으로 만든 토우(土偶)인형이었습니다. 일본인들이 경영하던 인형가게에 진열된 토우들은 일본사람들이 우리나라 사람들의 삶의 모습을 흙으로 빚어 구운 다음 색칠한 것들이었습니다. 인형, 물동이 인 아가씨, 아기 업은 엄마, 지게 진 나무꾼 등 종류도 다양했지요. 학교 가는 길, 온천장 주변 기념품 상점마다 줄줄이 늘어선 토우인형을 구경하느라고 수업 첫 시간에 지각을 하기도 하고, 가게 창에 매달려 이런저런 상상을 하다가 집에 늦게 돌아가기 일쑤였습니다.

마침내 저는 직접 흙을 파서 토우인형을 만들어보기로 했습니다. 찰흙이 묻혀 있는 곳을 찾아 그 흙을 파내고는 이리저리 모양을 빚어 보았습니다. 모양을 빚었으면 불에 구워야 하는 줄은 몰랐기 때문에 말린 흙 위에 그냥 채색했지요. 그래도 그 인형들을 학교에 가져가면 동무들이 좋아했습니다. 흙으로 인형을 만들고 새기느라 방바닥이며 옷이 흙투성이가 되는 바람에 어머니한테 야단도 들었고요. 그런데도 자꾸 토우인형을 만들고 싶었습니다. 하지만 어디에서도 인형 만드는 법을 배울 수 없었습니다. 게다가 일본인들이 만든 풍속 토우인형은 조선 사람들을 우스꽝스럽게 표현한 것들이었습니다. 학교에서만큼이나 모멸스럽고 불쾌했습니다. 그래서 생각했습니다. "만일 내가 인형을 만드는 재주가 있다면 더 아름답고 좋은 모습으로 만들 수 있을 텐데" 싶었습니다.

한편으로는 토우인형 만드는 법을 배워놓으면 내가 하고 싶은 일을 하면서도 충렬 형님처럼 부모님께 보탬이 되겠구나 싶었습니다. 주을온천을 찾는 일본 사람들이 많아지면서 그들에게 토우를 파는 장사도 활발해졌으니까요. 내 마음은 이미 토우인형 만드는 일에 정신이 팔려 있었는데 심지어 너무나 훌륭한 명분까지 갖췄으니 이야말로 안 하면 안 될 일이다 싶었습니다. 그래서 1935년, 우리 나이 스무 살에 일본 가는 배를 타고 큐슈 하카타(博多)까지 가는 먼 길에 올랐습니다. 먼저는 서울에 올라가 하카타 가는 도항증을 받아와야 했습니다. 주을 촌놈이 머리털 나고 처음으로 서울에 왔으니 오죽이나 어리벙벙했는지 모릅니다. 그래도 서울 계신 윤익선 둘째 할아버지 댁에서 묵으면서 도항증 아니 도항증을 내달라는 편지를 일본 순사에게 받아낼 수 있었습니다. 심지어 그 순사는 나카노코 인형연구소의 사장인 나카노코 로쿠스케 씨와 술친구이기까지 했습니다. 그래서 어렵잖게 부산에서 시모노세키를 거쳐 하카타에 도착했습니다. 그 뒤로 3년 반 동안 나카노코 인형연구소에서 토우인형 만드는 법을 익혔지요.

서울 가신 상렬 형님과 더불어 8남매가 있었습니다. 송자 큰누님, 충렬 둘째형님, 나, 송옥 누이, 응렬이, 종렬이, 봉렬이 세 남동생까지 이리 많은 형제들 중에 부모님을 돕는 사람은 오직 충렬 형님뿐이었습니다. 아버지께서는 서울에 있는 보성중학을 마치고 3.1 운동 이후 독립운동에 뛰어들었다가 주을로 돌아오셔서는 학교를 돌며 가르치셨습니다. 하지만 조선총독부가 교육법이라고 세워놓자 사범학교 졸업장이 없던 아버지는 가르칠 길이 없어졌습니다. 과수원을 한다고 했지만 공부만 하셨지 농사도 장사도 해 본 적이 없던 아버지가 과수원 경영을 잘 하지 못해 생활은 어려웠습니다. 그리 어려운 생활의 짐을 덜어주신 분이 충렬 형님이었지요. 공립 보통학교를 졸업하자마자 여기저기 회사에 근무하면서 집안 살림을 펴준 충렬 형님이었는데, 못난 아우는 형님이 보통학교에서 상으로 받아온 공책을 다툼 끝에 빼앗기나 했습니다.

그런 아우가 일본 가서 인형 만들기를 배우겠다고 고향을 떠난 사이, 형님은 네 딸과 형수님을 남겨두고 27살 젊은 나이에 세상을 떠나셨습니다. 충렬 형님이 돌아가셨다는 소식에 일본 생활을 접고 귀국했습니다. 가장 노릇으로 고생만 하시다 서른도 못 되어 떠난 형님에게 어리고 못난 아우는 아우 노릇 한 번 못했습니다. '마음이 어린 후니 하는 일이 다 어려서' 그랬다지만 뉘우친들 무엇 할까요. 형수님도 네 조카딸들도 만나서 형님께 미안하고 죄송했다고 한바탕 울어보고 싶어도 남북이 갈라지고 나니 만날 길도 없습니다. 가슴이 아파 한 잔 더 마시고 눈을 돌려 보면 충렬 형님이 두 달 치 봉급을 몽땅 털어서 산 유성기와 150여 장의 옛 음반이 보입니다. 음반 모으고 듣는 일이 유일한 취미였던 형님이 남긴 유산입니다. 통일이 되어 고향 땅 주을에 올라가 조카딸 정희를 만난다면 네 아버지 유품이라고 이 유성기와 음반들을 물려줘야 할 텐데 그날이 언제 올까 모르겠습니다. 그래도 작년부터(1998년) 금강산 가는 뱃길이 열렸고 4년 전(1995년)에는 중국 땅을 통해서였을지언정 백두산에도 다녀왔으니, 백두산 산줄기를 타고 남쪽으로 내려가

내 고향 주을에 돌아갈 날이 그리 멀지 않으리라는 희망도 품어 봅니다.[3)]

고량주 한 잔을 더 마시면 아내 생각이 납니다. 충렬 형님 장례를 치르고 고향에 돌아와 가마를 만들고 인형 제작을 시작했지만 그때는 2차 세계대전이 시작되고(1939) 2년 뒤 터질 태평양전쟁을(1941) 앞두고 있던 시기여서 모두들 빠듯한 형편이었습니다. 조선의 문화와 풍속에 대한 일제의 말살정책이 한층 가혹해진 때라 조선 풍속과 문화를 담은 인형을 만들어도 판로가 열릴 데가 없었습니다. 시인이자 당시 생기령국민학교 교장으로 있던 월파 허이복 형님 덕에 학교 아이들에게 점토 만들기를 가르칠 기회가 생겨 열심히 가르쳤는데, 어느 날 이 형님이 결혼할 생각이 있는지 물어보시는 겁니다. 자기 학교 마중명 선생의 누이를 소개하기에 형님께서 소개해 주시는 분이라면 누구라도 좋다고 승낙하고 그 길로 혼삿말이 진전되어 1941년 12월 15일 나는 순이와 결혼했습니다. 아내 이름은 '마순금'인데 저는 줄곧 '순이'라고 불렀습니다. 그 뒤로 54년 동안 순이는 주을에서 개성으로 경주로 옮겨 다니는 나그네 시절을 비롯해 나와 함께 온갖 고락을 함께했습니다.

생각할수록 제 아내 순이는 참 고맙고 다정한 사람이었습니다. 돈벌이에 관심도 솜씨도 없는 남편을 지극정성으로 위해주었고, 다른 사람이었다면 부끄러워했을지 모를 인형 일을 누구보다 잘 이해해주었고, 작업장 식구들과 숙식을 함께 하며 인형을 만들어냈습

---

3) 선생은 끝내 고향 땅 주을을 살아생전에 밟지 못하고 1999년에 타계하셨습니다. 유족들은 선생의 유골을 수습하여 선생이 평생 사랑했던 신라의 성산(聖山) 남산에 흩뿌렸습니다.

니다. 그림엽서 사업을 시작해 보았다가 엽서를 찍어내는 인쇄소가 불타는 바람에 어마어마한 빚더미에 눌려 인왕동 집을 내놓고 경주 최부잣집에 세 들어 살아야 했던 빚잔치 4년 동안에도 순이는 묵묵히 저와 같이 고난을 감내해냈습니다. 둘이 함께 남산을 누비며 골골이 답사했고 찾아오는 손님들을 식구처럼 편히 맞아주었고 늘그막에는 둘이 함께 대작하는 즐거움을 주었습니다. 소탈하면서도 흥이 많았고 사람을 가리지 않도록 마음이 열려 있어 나를 만나러 오는 사람들이 오히려 순이와 더 친해져서 떠나고는 했습니다. 참으로 나는 복이 많은 사람이었습니다.

아내 생각에 고량주 잔을 몇 잔 더 넘기고 나니 청자 술병에 담아놓은 고량주도 바닥을 보입니다. 독한 고량주에 취기가 올라옵니다. 오후 무렵 자작하기 시작했더니 지금은 해가 서남산 쪽으로 기

고청이 예찬한 소반이 생활관 마루 안쪽에 보인다.

울고 땅거미가 뉘엿뉘엿 집니다. 소반을 치우고 일찍 잠을 청해야 겠습니다.

상서당 전경

2. 상서장에 세운 뜻은

분명 청자 술병에 담긴 고량주를 다 마시고 잠들었는데 술기운은커녕 온몸이 가뿐합니다. 저녁 무렵 잠이 들었는데 사방이 밝은 한낮입니다. 장소도 고청사가 아닙니다. 여기가 어딘고 살펴보니 남천 건너 최부잣집입니다. 제가 사는 고청사는 남천 동편, 경주박물관 남쪽인 양지마을에 있습니다. 그림엽서 사업에 닥친 횡액 때문에 1966년 내내 순이와 함께 빚잔치를 하느라 정신없던 시절 인왕동 734번지 집을 팔고 최부잣집에 세를 들어 살며 4년 동안 빚 갚느라 호되게 고생했는데, 그 시절 최부잣집이 왜 지금 나타나고 저는 왜 여기 있을까요?

확실한 건 그때 최부잣집에 들어가 살 수 있었기 때문에 그 4년을 견뎠다는 점입니다. 아무리 경주에 뿌리를 내리고 좋은 벗들도 많이 만났다지만, 북녘에서 내려온 이북내기가 여기저기 큰 빚만 지고 빚쟁이에 쫓기는 판이 되었는데 방 한 칸인들 쉽게 내줄까요? 그럼에도 불구하고 최부잣집은 저와 처자식들이 기식하고 인형을 만들어 팔 수 있을 만큼 충분한 셋방을 마련해 주었습니다. 빚을 겨우겨우 다 갚고도 양지마을에 새 집을 지어 이사 가기 전까지는 줄곧 최부잣집 한켠에 세 들어 살았습니다.

생각하면 이게 다 최부잣집 가훈 덕이었습니다. 사방 백 리 안에 굶어 죽는 사람이 없게 하고 나그네를 후히 대접하라는 가훈을 가진 집안이 최부잣집이었으니까요. 그래서 저도 따라지 취급을 받지 않고 빚을 갚을 때까지 살 수 있었습니다. 최부잣집 남쪽으로 보이는 저 남산이 수많은 이들을 품어주었듯이 최부잣집도 그 울타리와 그늘에 깃들려 찾아오는 이들을 너그럽게 품어주었습니다.

최부잣집 가문의 중시조 되시는 분이 바로 고운 최치원 선생입니다. 고청사에서 서쪽으로 남천을 건너면 남산의 첫 골짜기인 왕정골 어귀인데, 여기에는 최치원 선생이 임금께 글을 올렸다는 상서장(上書莊)이 있습니다. 왕정골 남쪽 등성이가 동북쪽으로 뻗어내려 남천에 이르러 바위 언덕을 이루는데 그 위에 상서장이 높이 올라앉아 있습니다.

어떤 마음이 들었는지 가파른 계단을 허위허위 딛고 올라가 상서장에 들어가 봅니다. 어찌 된 일입니까? 고운(孤雲) 선생이 정말 외로운 구름마냥 상서장 툇마루 위에 앉아 서라벌을 망연히 바라보고 계십니다. 고량주 한 병을 다 비우고 잠든 꿈이 이런 식으로 흘러갈 줄이야. 전에 본 표준영정 속 모습 그대로 수염을 길렀는데 눈빛은 형형하게 번뜩입니다. 그런데 그 번뜩임이 재기만은 아니라 깊이 갈무리해서 안으로 담아 둔 무엇인가 일렁이는 빛입니다. 우선은 인사부터 드려야겠지요.

"최치원 선생님 아니십니까? 저는 남천 건너 양지 마을에 사는 윤경렬이라고 합니다. 어찌하여 여기 오셨습니까?"

"누구신지는 모르나 내가 내 집에 왔는데 뭐가 이상하단 말이오? 그런데 여기가 내 집은 맞는데 주변이 모두 달라져 버렸구려. 반월성은 어디로 가고 저렇게 텅텅 빈 터에 숲만 남았소? 월지는 연못에 전각 몇 개만 남은 데다 황룡사에 있던 탑이나 금당이나 종각은 어디로 갔단 말이오? 게다가 듣도 보도 못한 재료들로 만든 집들이 선왕들을 모신 능침들 사이에 우뚝 솟아 있으니 무슨 연유요?"

"그럼 혹시 지금이 어느 해인지 아시는지요? 올해는 1999년이라고 합니다. 육십갑자로는 기묘년입니다."

"1999년이라고 하셨소? 도대체 어느 나라 연호가 그렇게 오래 갔다는 말이오? 기묘년이라고 하면 어느 때 기묘년이오?"

"저도 지금 꿈속에서 선생님을 뵙는지라 선생님이 어쩌다 제 꿈에 나타나셨는지 알 길이 없습니다. 다만 지금은 서기(西紀)라는 연호를 씁니다. 선생님께서 당나라에 계시던 때 서방 대진국(大秦國)에서 온 사람들 가운데 야소(耶蘇)라는 이를 전하던 사람들을 보셨는지요? 그 야소가 태어난 해로부터 헤아려서 연호를 정한 게 서기입니다. 제가 알기로는 선생님께서 태어나신 해가 서기로는 857년이고 병자년입니다."

"내가 태어난 해가 병자년은 맞소. 12살 때 당나라로 유학을 떠나 장안에 있을 때 대진경교(大秦景教)를 믿는다는 사람들이 대진사(大秦寺)라는 절을 세워놓고 이런 이야기를 하더군. 야소라는 사람이 신의 아들로 이 세상에 왔는데 그 사람에게는 신의 본성과 인간의 본성이 함께 들어 있다고 말이오. 그게 어디 이치에 닿을 법한 소리요? 그래도 그 사람들이 여기저기 다니면서 아픈 사람들도 많이 고쳐준 덕에 나처럼 빈공과를 보러 온 이방 사람들도 신세를 지곤 했소. 그런데 그 야소라는 사람이 태어난 해로부터 연호를 기산한다니 세상이 어지간히 뒤집힌 모양이군. 그러지 않고서야 반월성도 황룡사도 모조리 없어졌을 리가 없지 않소? 도대체 무슨 일이 있었던 거요?"

"선생님께서 세상을 떠나시고 28년 뒤에 신라가 망했습니다. 뒤

이어 백제까지 망하고 고려가 들어섰습니다. 그런데 고려가 세워지고 300여 년 뒤에 몽고라는 오랑캐들이 쳐들어와 온 나라를 쑥대밭으로 만들었습니다. 이 오랑캐들이 서라벌까지 쳐들어와서는 황룡사를 비롯해 모든 궁궐들과 절들을 불태워버렸습니다. 그래서 저렇게 빈 터만 남았습니다. 게다가 고려가 망한 다음에는 조선이라는 나라가 들어섰는데 조선에서는 국초부터 숭유억불(崇儒抑佛)을 한다며 불도를 짓눌러댔으니 서라벌에 즐비하던 절들이 거의 다 풀밭이 되었지요."

"숭유억불이라니 그게 될 말이오? **들어가서는 집에서 효도하고 나와서는 나라에 충성하는 것은 노나라 사구(공자)의 가르침이며, 무위의 일에 처하고 말 없는 가르침을 행하는 것은 주나라 주사(노자)의 종지이며, 어떤 악도 짓지 않고 모든 선을 행하는 것은 인도 태자(석가)의 교화인(최치원, 〈난랑비서(鸞郎碑序)〉) 것인데, 나라를 다스리고 사람들의 품성을 교화시키는 일이 어떻게 한 가지 가르침만으로 이뤄지겠소?** 조선이란 나라는 어떻게 되었소?"

"조선도 일본에 망하고 난 다음 36년 동안 일본 사람들에게 통치를 받다가 1945년 해방이 되었습니다. 그런데 해방이 되고 얼마 안 있어 나라가 남북으로 갈라지더니 자기들끼리 3년이나 싸웠습니다. 신라가 고구려와 백제를 무찌르고 삼한을 통일한 지 1300여 년 만에 통일이 무너지고 말았지요. 저도 고향은 저 북쪽 땅 주을이라는 곳인데 북쪽에 가족들을 그대로 둔 채 아내와 여기까지 내려와 살게 되었습니다. 선생님 살아계실 때는 발해 땅이었던 곳입니다."

"그런 곡절이 있었구려. 왜국이 이 땅을 집어삼켰다는 일도 믿기지 않거니와 나라가 왜국에서 놓여났는데도 자기들끼리 싸워서 갈라지다니 더욱 한심하구려. 윤 선생 - 호가 어찌 되시오? 고청, 옛 고에 푸를 청이라고? 좋은 호구려. 고청 선생이 발해 땅에서 태어났다가 여기 신라 땅까지 내려오다니, 그것도 일가붙이들을 두고 내려오다니 마음이 어땠을지는 달리 말하지 않겠소. 나도 12살에 신라 땅을 떠나 당나라에서 유학 생활을 하며 빈공과를 준비했었소. 그때 아버지께서는 '10년 안에 과거에 급제하지 못하면 나를 아버지라 부르지 마라. 나도 너를 자식이라 부르지 않겠다. 너는 사나이니 열심히 공부하여 나라의 면목과 가문의 체면을 세워야 한다. 알겠느냐!'라고 강권하며 보내셨소. 어머니 품을 떠나 말도 안 통하는 낯선 나라에서 고생이야 한도 없었지만 끝내 6년 만에 빈공과 과거에 급제하였다오."

"선생님도 그렇지만 저도 고향을 떠나 바다 건너 일본에서 공부했습니다. 어렸을 적 그림 그리는 것도 좋았지만 흙을 빚어 인형 만드는 일이 그렇게 좋아서 인형 만드는 공부를 했지요. 제 고향인 발해 땅 주을이 온천으로 유명해서 일본 사람들이 목욕장을 차려 놓고 장사를 많이 했는데, 장사하러 온 일본 사람들이 우리나라 사람들을 토우로 빚어놓은 꼴을 보면 부아가 치밀었습니다. 일본 사람들이 만든 풍속 토우인형은 조선 사람들을 우스꽝스럽게 표현한 것들이 태반이었거든요. 그래서 "만일 내가 인형을 만든다면 우리나라 사람들이 얼마나 아름답고 멋있는지 보여줄 수 있을 텐데" 싶었습니다. 그래서 제 나이 스물에 고향을 떠나 일본 가는 배를 타고 하카타라는 곳에 가서 인형 만들기를 배웠지요. '조센징은 별 수 없다'는 소리도 들어가고 인형 만들기를 가르쳐준 스승에게 술 주정도 당해 가며 배웠습니다."

"고청 선생도 서러운 경우를 많이 당하셨구려. 나 역시 그랬다오. 빈공과라는 과거에 급제했다고 한들 당나라에서 신라 사람을 어디 써 주겠소? 2년 동안 관직이 나오지 않으니 남의 글을 대신 써 주며 하루 세 끼를 겨우 메우다가 겨우 선주(宣州) 율수현(溧水縣)의 현위(縣尉) 자리를 얻었지만 종 9품이 무슨 일을 하겠소? 더 높은 자리에 올라가려고 박학굉사과(博學宏詞科)라는 과거를 준비하러 산에 들어갔지요. 문장 3편을 보고 시와 문장에 능한 인재를 뽑아 고급 관료로 임용하는 과거였는데, 산에 들어갔다고 해도 살림살이가 갖춰지지를 않으니 더 공부할 수가 없었소. 게다가 황소(黃巢)의 난(875~884)이 터져 황제가 장안을 떠나 서촉(西蜀)으로 피난하는 등 온 당나라가 쑥대밭이 되고 말았으니 나라에서 관리를 뽑으려야 뽑을 수 없었소. 그래서 문객들을 모으던 절도사 고병(高騈, ?~887) 공의 밑으로 들어갔는데 그 사람이 나를 잘 봐 주어 관역순관(館驛巡官)이란 직위도 얻었고, 〈토황소격문〉이라는 글을 쓰기도 했다오."

"선생님이 쓰신 〈토황소격문〉은 널리 알려져 있습니다. "천하 사람들이 대놓고 널 죽이려 할 뿐만 아니라 땅속의 귀신들까지 너를 몰래 죽이려 이미 의논했을 것이다! [不惟天下之人皆思顯戮, 抑亦地中之鬼已議陰誅]"라는 선생님의 글을 읽고 황소가 놀라 의자에서 굴러 떨어졌다는 이야기가 우리나라에서는 널리 알려져 있었지요."

"설마 그러기야 했겠소? 그럴 사람이었으면 진작 난을 일으키지도 않았겠지. 하지만 황소의 난이 계속되는 동안 관사와 녹봉과 문명(文名)에 도통순관(都統巡官), 전중시어사(殿中侍御使), 내공봉(內供奉)이라는 직함을 얻었던 건 모두 고공의 은덕이었소. 그런데 고공(高公)이 초심을 잃고 언젠가부터 엉터리 방사(方士, 도가에서 신선술을 닦는 사람)들에게 현혹되어 신선이 되겠다며 조정의 출정 명령에도 불응하는 등 끝없이 망가져만 갔소. 그래서 더는 당나라에 머물 이유가 없다 싶어 신라로 돌아왔소. 나중에 들어보니 내가 귀국하고 3년 뒤 고공이 회남 땅에서 피살당했다고 하니, 만일 그때까지도 내가 당나라에 머물렀다면 옥석구분(玉石俱焚, 옥과 돌이 한꺼번에 불타듯이 선인과 악인이 한꺼번에 화를 입는 꼴)의 화를 면치 못했을 게요."

"참으로 잘 돌아오셨습니다. 그런데 선생께서는 신라 골품제에서도 6두품에 속하셨던 분으로 압니다. 신라에 돌아오셨다고 해도 무엇을 하실 수 있었을까요? 선생께서 품으셨던 뜻은 무엇이었으며, 어떻게 이루려 하셨는지요?"

"내가 벼슬자리 하나 구하려고 당나라를 떠나 신라로 돌아왔다고 생각한다면 당신도 그만한 사람밖에 안 되겠지! 고작 벼슬에 삶을 걸었다면 당나라에서 고공을 떠나 주전충(朱全忠, 852~912) 같이 더 큰 군벌들에게 유세하였을 것이고 얼마 뒤 주전충이 당나라 황제를 몇 번씩 갈아치우다가 새 나라를 세우기까지 했으니 공신 반열에도 올랐을 것이오. 하지만 12살에 아버지의 강권으로 당나라에 건너왔다 하여도 16년을 이방인으로 당나라에서 살면서 새로

이 품은 뜻이 없었겠소? 고향도 그리웠고, 동이(東夷) 땅에서 온 신라 오랑캐라고 백안시하는 당나라 사람들 속에서 살아가기도 힘들었지만, 그보다 더 큰 뜻이 있었기에 신라로 돌아왔던 것이오. 고청 선생이 내가 쓴 글들을 읽었다면 내 생각을 알 것이오. 스님이든 나와 같은 유학생이든 신라에서 당나라로 건너간 이들은 두 가지로 나뉘었소. **하나는 서쪽 바다를 넘어가 당나라에 아주 뿌리를 내렸을 뿐 아니라 제 뿌리까지 바꿔버린 서화자(西化者)고, 또 하나는 해가 뜨는 우리나라, 동쪽 신라로 돌아온 동귀자(東歸者)요. 당나라 사람들은 나를 비롯해 신라 사람들을 동이라고 불렀지만 그들은 아침 해가 동쪽에서 뜨고 큰바람이 동쪽에서 불어온다는 사실도 모르는 자들이요.**[4] **설령 불법(佛法)을 구하러 당나라에 들어가 공(空)을 체득한 스님들이라 할지라도 그 뿌리를 어찌 잊겠소?(雖曰觀空, 豈能忘本, 〈진감선사비문〉)** 아무리 당나라에서 글솜씨로 이름을 떨치고 당나라 관직에서 받는 녹을 먹고 산다고 해도 **내가 동쪽[東方]에서 온 동쪽 사람[東人]이라는 사실이 변하는 법은 아니오.** 그러니 내가 해야 할 일은 서쪽이 아니라 동쪽에 있는 법이고, 동쪽 내 고향 역시 나라가 어지럽고 쇠망하여 간다고 들었으니 마땅히 돌아가야 했소."

"말씀이 지나쳤음을 용서해 주시기 바랍니다. 저 역시 배운 내용은 달라도 남의 나라에 가서 배웠다는 점에서는 선생님과 닮았습니다. 저도 일본에서 토우인형 만드는 법을 배웠지만 배우면서 느낀 점은 일본 사람들이 추구하는 아름다움과 우리나라 사람들이

---

4) 최영성, 『최치원의 철학사상』(서울: 아세아문화사, 2001), 420쪽.

추구하는 아름다움의 내용이 다르다는 점이었습니다. 일본 사람들이 우리나라 풍속을 주제로 만든 토우인형은 우리나라 사람들을 우스꽝스럽게 그려낸다는 점 외에도 일본 특유의 직선적인 미감이 그대로 들어가 있어 눈에 거슬렸습니다. 왜 그렇게 되었을까 곰곰이 따져보니 일본의 산천 때문이라는 생각이 들었습니다. 산이 많은 섬에서 살다 보니 눈앞을 가로막는 산의 곡선보다는 산을 꿰뚫는 직선을 더 좋아하게 되었구나 싶더군요. 그래서 창문살도 직선, 옷 무늬도 직선이었습니다.

반면 중국은 넓고 평평한 벌판이 직선의 지평선을 이루며 끝없이 펼쳐진 중원(中原)이니 직선보다는 곡선을 선호했겠구나 싶었습니다. 그렇다면 우리나라는 중국과 일본의 중간에 있는 만큼 곡선과 직선의 중간인 포물선이겠구나! 하는 생각을 품고 기와집 처마나 장독들을 바라보니 과연 틀리지 않았습니다. 처마의 선을 그어보면 하늘 위에 원을 그리는 포물선이 되고, 장독대 역시 포물선의 윤곽을 이루더군요. 선생님께서 동방(東方)과 동인(東人)을 말씀하신 뜻이 제가 발견한 곡선과 직선과 포물선에 담긴 세 나라의 미감과도 통한다고 할지요?"[5]

"고청 선생의 말이 옳소! 학문을 배우든 공예를 배우든 깊이 들어가면 상통하는 경지가 있는 법이오. 하물며 유학과 불도와 선도가 예외이겠소? 그래서 나는 신라에 돌아와 관직에 출사하는 한편으로 삼교를 아울러 상통하는 경지를 추구하였소. 이는 우리 집안 가풍과도 통하오. 아버지 최 견 자 일 자 공께서는 화엄종에 속한

---

5) 윤경렬, 『마지막 신라인 윤경렬』(서울: 학고재, 1997), 167쪽.

사찰인 토함산 대숭복사(大崇福寺)를 창건하는 일에 관여하셨고 현준 형님께서는 출가하여 승려가 되신 다음 나보다 먼저 당나라에 들어가셔서 화엄종의 교의뿐만 아니라 도교의 환반법(還反法)과 시해법(尸解法)을 배워 내게 전수해 주셨소.

그래서 나는 "포함삼교, 접화군생(包含三教, 接化群生)"이라는 깨달음에 이르렀소. 유학이든 불도든 선도든 본래 우리 동방에는 없었던 도요. 하지만 어느 쪽이든 사람을 귀히 여기고 사람에게서 도가 펼쳐질 수 있다고 믿는 점에는 같소. 그래서 '하늘이 귀히 여기는 것이 사람이고 사람이 마루로 삼는 것은 하늘이오. 사람이 도를 넓히는 것이고, 도는 사람에게서 멀리 있지 않소.' 이 땅에 사는 사람들을 떠나서는 도리도 성립되지 않는 것이오.6) 그리고 우리 동쪽 사람[東人]들이 가지는 사람답고 어진 마음[仁心]은 애써 이끌지 않아도 불도와 선도에까지 통할 수 있는 법이오. 결국에는 모두 사람을 살리고 사람이 모여 이뤄진 나라를 살리고자 하는 도가 아니겠소.

따라서 나라를 다스리는 사람이라면 마땅히 삼교에 두루 능통해야 모든 이들에게 모든 걸 베풀어 줄 수 있는 법이오. 다시 말하지만 들어가서는 집에서 효도하고 나와서는 나라에 충성하는 것은 노나라 사구(공자)의 가르침이며, 무위의 일에 처하고 말 없는 가르침을 행하는 것은 주나라 주사(노자)의 종지이며, 어떤 악도 짓지 않고 모든 선을 행하는 것은 인도 태자(석가)의 교화인 것이오.(〈난랑비서(鸞郎碑序)〉) **이렇게 유학과 불도와 선도 셋을[삼교三教] 한꺼번에 아우르고[포함包含] 셋을 아울러서 만들어낸 결과물로 여러 생명**

6) 최영성, 『고운사상의 맥』(서울: 심산, 2008), 60쪽.

[군생群生]과 접촉하여[접接] 변화시키고 온갖 조화를 일으키는[화化] 것이 바로 우리 동쪽 사람들이 세워야 할 도리이며, 이런 도리를 세울 수 있게 만드는 본바탕이 풍류(風流)의 도 즉 풍류도(風流徒)인 것이오. 이는 신라 화랑들이 살아간 방식이기도 하오. 명산대천을 돌아다니며 산천의 정기를 호흡하고 그곳 사람들과 어우러지고 신령들과 사귀었던 게 화랑도들의 삶이었으니.

다만 오해하지는 마시오. 동쪽 사람들의 풍류도 안에 유학이나 불도나 선도가 처음부터 다 들어있다고 말하면 안 되고, 풍류도가 삼교를 뒤섞어 짜 맞춘 것도 아니요. '포함'이란 바깥에서 들어온 것들을 내 것으로 받아들이되 바깥의 것에 완전히 잡아먹히지 않는 것이오. 나는 나이고 바깥 것은 바깥 것이지. 바람과 물이 어느 한곳에 머무르지 않듯이 어느 하나의 도리에도 집착하거나 배척할 이유는 없소. 그리고 풍류란 어느 한쪽 편에 들어가 이것만이 정통이라고 고집하는 상태에서 다른 한쪽을 받아들이는 것도 아니외다. 셋을 모두 어울리게 하는 것이오. 당나라에서는 어느 도리이든 공존하게 했기에 유학은 유학대로, 선도는 선도대로, 불도는 불도대로, 경교는 경교대로 각자의 길을 걸어갔소. 하지만 동쪽으로 돌아와서 발견한 건 모든 도리를 아울러서 새로운 무엇을 만들고 그로써 모든 사람과 모든 생명을 살리는 도였던 것이오."

"선생님 말씀은 들을수록 현묘합니다. 저는 평생 동안 신라의 문화와 예술의 아름다움에 홀려 그 아름다움의 뿌리를 찾으려 경주에 터를 잡고 이곳저곳을 누비며 살았는데, 이렇게 선생님의 말씀을 직접 들으니 신라가 참으로 깊은 나라였고 신라인들이 만들어낸 아름다움에는 신라인들의 깊은 생각이 담겨 있음을 다시금 깨닫습니다."

"고맙구려. 하지만 신라가 망국에 이르는 일을 막지는 못했으니 한스러울 따름이오. 내가 신라에 돌아왔을 때에는 헌강왕(憲康王, 860~886, 재위 875~886)께서 재위하실 때였소. 대왕께서는 진골에게만 주어지던 관직을 나와 같은 6두품에게도 열어주셨고 내게 한림학사(翰林學士) 겸 수병부시랑(守兵部侍郎), 지서서감(知瑞書監)이란 관직을 내리셨소. 나라에 이미 수많은 인재가 있는데도 골품에 묶여 쓰지 못하는 일이 비일비재함을 한스러워하셨소. 문신들과 선비들을 불러 시문을 짓게 하셨고 좋은 글을 쓴 이를 골라 높은 자리에 앉히셨소. 서역 상인들과 교역을 확장하여 나라 살림을 풍성하게 만드셨으니 민간에서는 짚이 아닌 기와로 지붕을 덮고, 나무가 아닌 (연기가 나지 않는) 숯으로 밥을 지을 정도가 되었소."

"저도 들었던 이야기입니다. 『삼국사기』와 『삼국유사』에 모두 나오는 이야기지요. 특히 『삼국유사』에서는 "제49대 헌강왕 때는 성 안에 초가집은 하나도 없고, 집의 처마와 담이 이웃집과 서로 연해 있었다. 또 노랫소리와 피리 부는 소리가 길거리에 가득 차서 밤낮으로 끊이지 않았다"라고 적혀 있습니다. 경주, 아니 금성이 얼마나 흥성한 도읍이었는지 보여주는 대목이지요."

"문제는 금성이 흥성한 만큼 다른 고을들도 흥성하거나 평온하지는 못했다는 점이오. 헌강왕께서 재위하실 때에도 반란이 일어났고, 얼마 안 가 진압했지만 말이오. 게다가 기울어가는 나라를 다시 일으켜 세우기에는 대왕을 모신 해가 한스럽게도 너무 짧았소. 당나라에서 귀국한 다음 대왕을 찾아뵙던 해(885)로부터 겨우 두 해도 되지 않아 승하하셨으니 말이오. 대왕께서 서자만 남기고 붕어하셨으니 아우 되시는 김황(金晃) 공이 왕위에 오르셨지만(정강왕(定康王), 재위 886~887) 역시 한 해 만에 붕어하시고 누이께서 여왕으로 즉위하셨는데(진성여왕(眞聖女王), 재위 887~897) 이때부터 나라가 크게 꺾이고 무너지기 시작했소. 헌강왕께서는 진골뿐만 아니라 6두품도 고위직에 오를 수 있도록 문호를 열으셨건만 대왕께서 가신 뒤로는 유야무야되어버렸소. 흉년과 반란이 연이어져서 세금도 제대로 걷히지 않았소. 금성에서는 주위의 시기와 질투와 의심 때문에 활로를 찾을 수 없어 외직(外職)으로 나가 대산군(大山郡, 전북 정읍)과 부성군(富城郡, 충남 서산) 태수로 일하며 목민관으로 백성들과 직접 만나보았소. 백성들과 만나고 부대끼며 가르치고 먹여 살리는 일이야말로 풍류도에서 말한 '접화군생'이 아니겠소? 뜻을 펼 길이 없어 울화에 찌들었던 금성 시절보다 훨씬 보람이 있었다오."

"선생님께서는 실로 내성외왕(內聖外王)을 실천하셨습니다. 그런데 부성군 태수로 계시던 시절 진성여왕에게 〈시무책 10조〉를 올리셨다고 들었습니다. 그 내용은 무엇인지요?"

"이젠 나도 세월이 오래 흘러서인지 가물가물하구려. 그래도 요지는 이렇소. 대왕께 바치는 글이니 유학에 기초해 쓴 글이오. 군주와 신하가 유학에서 말하는 왕도에 입각하여 군신 상하의 체제와 질서를 확립하여 덕화정치(德化政治)와 왕도정치(王道政治)를 실현하고, 사사로운 정에 끌려 미장부(美丈夫)나 폐신(嬖臣, 아첨으로 신임받는 신하)을 등용하는 대신 공도(公道)와 공론(公論)을 따라 옳고 바른 신하를 선발하되 골품이 아니라 재능에 따라 임무를 부여하고, 세습이 아니라 공정한 인재 선발로 어진 신하를 등용하자는 글이었겠소. 하지만 이미 늦었소. 신라 영토는 진흥왕께서 한수(漢水, 한강) 일대와 가야를 쳐서 병탄하시기 이전으로 쪼그라들어 금성 일대에만 겨우 왕명이 미칠 정도였소. 6두품으로 오를 수 있는 최고 관직인 아찬에 올랐을 뿐이었소. 게다가 진성여왕이 붕어하시고 헌강왕의 서자께서 왕위에 오르신 지(효공왕(孝恭王), 재위 897~912) 2년째 되는 해에 상소문 하나를 올렸는데 "계림(鷄林)의 나뭇잎은 시들고 곡령(鵠嶺)의 소나무는 푸르다[鷄林黃葉, 鵠嶺青松]"라는 비유가 대왕의 심기를 거슬려 파면당하고 말았소. 신라는 시들어가는데 신라의 옛 땅을 점령하고 일어난 궁예(弓裔)의 세력은 무섭게 확장되고 있는 시국을 간언했을 뿐인데 말이오."

"망하려는 나라에서는 듣기 싫은 간언에는 귀를 막고 듣기 좋은 말에만 귀 기울이는 법이 아니겠습니까. 선생님께서 무슨 잘못을 하셨겠습니까? 제가 사는 대한민국이라는 나라에서도 대통령이 방귀를 뀌니까 장관이라는 자가 "각하 참으로 시원하시겠습니다"라고 아부를 떨었습니다. 정작 대통령이 들어야 할 민심에는 귀를 막게 했지요. 그 대통령은 결국 부정한 방법으로 평생 집권하려다가 백성들의 손에 쫓겨나고 말았습니다."

"대통령이라는 말은 처음 듣는구려. 고청 선생이 사는 대한민국이란 나라에서는 임금을 대통령이라고 부르오? 그보다도 민국(民國)이라고? 희한한 이름이구려."

"제가 사는 나라에는 임금이 없습니다. 백성들이 나라의 주인이고 백성들 사이에서 지도자가 나오기 때문에 왕국이 아니라 민국이라고 부릅니다. 그리고 백성들이 5년에 한 번씩, 백성 한 사람이 한 표씩 던져서 나라를 이끌 지도자를 뽑는데 그 지도자를 대통령이라고 부릅니다. 대통령은 5년만 일하고 다음 대통령에게 자리를 물려줍니다."

"내가 세상을 떠난 뒤로 천지가 개벽한 것처럼 변화가 심했나 보오. 나로서는 백성이 나라의 주인이고 백성들 사이에서 지도자가 뽑히고 지도자가 5년만 일하고 물러난다는 게 이해가 안 되면서도 참으로 신기하구려. 맹자께서 말씀하신 민본(民本)을 생각하면 민국(民國)은 납득할 듯하지만 말이오. 하지만 왕후장상(王侯將相)의 씨가 따로 있겠냐고 외쳤던 진승과 오광도 있었고, 한고조 유방 역시 거병하기 전에는 이름 없는 평민에 불과했으나 백성의 마음을 얻어 흙먼지 속에서 몸을 일으켜 나타나지 않았겠소? 그러니 그렇게 나타난 지도자가 고청 선생이 사는 시대에는 5년씩만 일하고 물러나는 제도가 세워졌다고 알겠소."

"선생을 이렇게 모셨으니 이 세상 이야기는 천천히 들려드리겠습니다. 선생께서 저세상에 계시던 동안 이 세상도 너무나 많이 변했으니 저와 함께 다니시면서 옛날이야기를 마저 해 주셨으면 합니다."

"꿈인지 생시인지 모르는 마당에 욕심도 크시구려. 그래도 오랜만에 내 집에 왔으니 남산 구경도 한번 해 봅시다. 옛날이야기를 마저 하자면 아찬에서 파직될 때 내 나이 42세였소. 그 뒤로 온갖 산천을 유람했소. 남산은 물론이고 의성의 빙산(氷山), 합천의 청량사(清凉寺), 지리산의 쌍계사(雙溪寺), 마산의 별서(別墅), 동래의 해운대를 비롯해 여기저기 다니며 세상을 피해 다녔소. 그때 쓴 시 한 번 들어보시겠소?"

겹겹이 쌓인 돌 사이로 미친 듯 물 흐르며 온 산을 울리는데
사람 소리는 지척에서도 알아듣기 어려워라
항상 시비하는 소리가 귀에 들릴까 두려워
짐짓 흐르는 물로 온 산을 에워싸게 했노라[7)]

스님아, 청산이 좋다고 말하지 말게
산이 좋다면 어찌하여 다시 산을 나오나
두고 보시게, 다른 날 나의 종적을
한 번 청산에 들면 다시 돌아오지 않으리[8)]

"겹겹이 쌓인 돌같이 폐쇄적인 신라 지도층의 부패와 정쟁으로 인해 선생님의 포부가 누구에게도 받아들여지지 못하는 상황 앞에서 선생님이 느끼셨을 심정이 어떠셨을지 익히 알겠습니다. 오죽하셨으면 저절로 흐르는 물로 온 산을 에워싸게 했다고 읊으셨겠습니까. 그럼에도 불구하고 마음 한편에는 여전히 세상을 걱정하셨던 게죠?"

"차마 아니라고 말할 수 없소. 하지만 아무리 걱정한들 세상이 더 이상 내 뜻대로 움직이지도 않고 움직이게 할 힘도 없다는 사실

7) 『역주 최치원전집(2)』, 61쪽.
8) 최준옥 편, 『한글번역 고운선생문집』 하권, 60쪽.

만 절감했을 뿐이오. 글씨 쓰고 시 읊으며 소일하다가 만년이 되어 스님이신 현준 형님과 형님의 도반 정현사(定玄師) 스님과 더불어 가야산 해인사에 머무르게 되었소. 마지막 몇 해 동안은 화엄종 스님들의 전기를 짓는 데 힘썼소. 불도에 귀의해 마음을 달래려는 바램

고운 선생이 금성을 바라보며 사색했을 고운대(孤雲臺), 월정교 건너편 왕정골 초입에는 최치원이 무너지는 신라를 되세우려 고민한 상서장이 있고 그 옆에는 고운대가 있다. 최치원이 『계원필경』에서 말한 '포함삼교'의 사유는 속세와 동떨어진 지리산만이 아니라 속세 자체여서 삼교와 온갖 풍속이 섞여 도는 서라벌에서라야 닦일 수 있었으리라. 서라벌 도성과 아주 멀지도 가깝지도 않으면서 뒤돌아서면 바로 남산 오르는 길이 나 있는 상서장이야말로 '포함삼교'의 사유를 닦기에 마땅한 곳이라 하겠다.

도 있었고, 무엇보다 화엄에서 말하는 원융(圓融)의 가르침으로 난세에 일어나는 혼란과 분열을 극복하고 중생을 구제하려는 원력을 세웠기 때문이오. 삼한이 하나가 되던 때 의상대사를 비롯한 화엄의 스님들이 왕실과 군과 관원들의 뜻을 하나로 모으고 전쟁에 지치고 피폐해진 백성들의 마음을 다독여주는 큰 공을 세웠지 않았소? 다시 삼한이 셋으로 갈라지려는 때일수록 오히려 널리 화엄의 가르침을 펼쳐야 하겠다는 뜻을 세웠소. 그래서 『의상전(義湘傳)』, 『법장화상전(法藏和尙傳)』, 『석순응전(釋順應傳)』, 『석이정전(釋利貞傳)』, 『보덕전(普德傳)』 등을 쓰고 삶을 마무리하였소. 고단하였지만 그래도 뜻이 아주 없는 생애는 아니었다고 자부하오."

"참으로 귀한 삶을 사셨습니다. 이제 저와 남산 가는 길을 동행해 보시지요. 이쪽으로 가면 저희 집이고 저희 집 앞산으로 들어가면 부처골이라는 곳이 있는데 참 좋습니다."

말씀을 드리고 고개를 돌리는데 어느새 고운 선생은 어디 가셨는지 사라지고 아니 계십니다. 그래도 지금이 꿈속이라면 언제든 어디든 꿈인 양 홀연히 또 나타나 동행하시겠지요. 상서장에서 나와 가파른 계단을 조심조심 내려가 남천 길을 따라 음지마을을 옆에 끼고 걷습니다. 잠깐 걷다가 오른쪽 샛길로 꺾어 들어가면 부처골 감실부처님을 뵈러 가는 길이 나옵니다. 이 길은 얼마 전까지는 안내판도 하나 없어 초행길에 허탕 치기 좋았습니다. 『나의 문화유산답사기』를 쓴 유홍준 선생도 고생 꽤나 했었지요. 그래도 저는 평생 다닌 길이니 잘 압니다. 가 봅시다.

부처골 감실부처님 전경,
해가 동쪽에서 서쪽으로 이울어갈 때마다
부처님의 표정도 빛이 비치는 방향을 따라 바뀌어 갈 것이다.

3. 불곡 감실부처님과 빛의 예술

상서장에서 동남산 길을 따라가노라면 선덕여왕의 얼굴을 담았음 직한 불곡 마애여래좌상(감실부처님)이 있고, 옥룡암으로 들어가면 큰 바위 사면 가득 부처님과 보살들과 불국토를 새긴 탑곡 마애불상군이 세워져 있다. 동남산 길을 따라 염불사까지 가서 깊은 골짜기로 올라가면 칠불암이다. 원효가 대안(大安) 법사에게 가르침을 받았다는 암자에는 크기와 솜씨 모두 남산에서는 으뜸이라 할 삼존불이 바위를 깎아서 모셔져 있다. 고청 선생의 발걸음은 불곡 감실부처님으로 향한다.

집(현재 고청기념관과 고청생활관) 앞을 흐르는 남천을 건너 쭉 올라가면 약수골이 나옵니다. 소나무 숲 사이로 난 가느다란 오솔길을 따라 왼쪽으로 돌았다가 다시 오른쪽으로 돌아 야트막한 산등성이까지 올라가 다시 왼쪽으로 틀어 계속 걸어가다 조심스레 발을 디뎌 내리막을 내려서면 바위 옆 샛길 양쪽으로 우거진 시누대가 보입니다. 부처골 감실부처님은 그 안에 계십니다. 높이는 3.2m에 너비는 4.5m 되는 큰 바위 앞면에 홍예(虹霓) 모양으로(요즘에는 영어로 아치(Arch)라고 많이 부릅니다) 감실(龕室)을 파 놓고 그 안에 다시 부처님을 새겨 놓았습니다. 마치 부처님이 돌로 된 굴 안에 앉아 가만히 명상에 잠겨 계신 모습입니다.

가까이 다가가면 갈수록 다소곳이 숙인 둥근 얼굴에 복스럽게 생긴 콧날, 웃는 듯 감은 듯한 두 눈에 살짝 꼬리가 올라간 두툼한 입술이 어우러진 부처님의 얼굴 가득 피어나는 푸근한 웃음이 보입니다. 손은 다소곳이 소매 안에 넣고 정좌하고 계십니다. 이 부처님이 세워졌을 6세기 말에서 7세기 초 사이 신라 금성에 살았을 여자 보살님 모습이 이러했을까요? 부처님 머리에 솟아오른 작은 육계 또한 마치 동네 아주머니가 머리를 틀어 올린 모습입니다. 그러면서도 넓게 놓인 두 무릎은 바위에 단단하게 박혀, 깨달음과 자비행을 향해 흔들리지 않고 정진할 뜻이 가득 담긴 것만 같습니다.

이 불상에는 묘한 조각 수법이 담겨 있습니다. 얼굴은 둥글고 부드러운데 몸체는 정사각과 직각으로 조각되어 있습니다. 그러나 전체를 바라보면 조금도 어색하지 않습니다. 양 무릎의 곡선과 발바닥을 그린 곡선이 얼굴과 조화를 이루고, 두 어깨에서 흘러내린 옷 주름들이 팔소매에서 곡선으로 흘러 무릎으로 넘어가고 대좌에까지 이어져 출렁입니다. 부드러운 옷 주름 선이 굳센 몸체를 감싸서 둥그런 얼굴과 하나로 조화를 이루었습니다. 그래서 저는 이렇게 비유하고 싶습니다. 출렁이는 대좌는 바다에, 덩실하게 가로놓인 두 무릎은 언덕에, 사각으로 우뚝 솟은 몸체는 바위산이라고요.[9)]

유홍준 선생은 이 부처님을 친견하고 쓴 답사기에서 이렇게 찬사를 보냅니다.

> "저 조순하고 인자한 기품은 부처님상이니까 그렇다고 치더라도 마치도 신라 시대 어느 여인을 모델로 했음직한 그 친숙한 이미지는 …넉넉한 인상의 현세적 자비심이 생동감 있게 다가오는 감실부처님"[10)]

9) 윤경렬, 『겨레의 땅 부처님 땅』(서울: 불지사, 1993), 48쪽.
10) 유홍준, 『나의 문화유산답사기』 1권(서울: 창작과 비평사, 1993), 182쪽.

저 역시 이 부처님이 이렇게 환히 웃는 분인 줄 예전에는 몰랐습니다. 남산을 몇 번이고 다녔지만 감실부처님은 바위 속을 파놓은 굴 안에 계셨으니 늘 어두워만 보였습니다. 그런데 저는 뜻밖에도 일본 사람을 통해 이 부처님의 아름다움을 찾아내는 길을 알아냈습니다. 1987년 여름 하세가와(長谷川)라는 일본 사람이 KBS 직원과 함께 나를 찾아왔습니다. 하세가와 씨는 '용왕이 찾아온 길'이라는 책을 쓰고자 경주로 답사를 왔다고 했습니다. 그는 한국의 석굴암 본존불상이 문무대왕을 모신 동해 대왕암을 바라보고 있다는 말은 의심스럽다는 뜻을 밝히면서, 석굴암 본존불상은 동짓날 해 뜨는 방향을 바라보게 지어지지 않았을까 생각한다고 하더군요.

하세가와 씨의 말에 따르면 옛날 사람들은 낮이 가장 짧아지는 동짓날을 두려워했답니다. 낮이 자꾸 짧아지면 마침내 낮도 해도 따뜻함도 없는 어둠과 추위만이 가득한 밤의 세상이 오지 않을까 염려했기 때문이지요. 그런데 가장 낮이 짧아진 동짓날부터 다시 해가 길어지기 시작해 마침내 하지에 이르렀다가 다시 밤이 길어지는 세상의 순환을 발견하고 기뻐했으리라는 것입니다. 그래서 옛 사람들은 설날보다 동짓날을 귀하게 여겼고, 일본에도 동짓날 해 뜨는 방향으로 서 있는 신사들이 많다고 합니다. 그런데 동짓날 해 뜨는 방향으로 세워진 신사들의 지명은 대개 '도키(トキ)'인데 '도키'는 한국어 '도지(돋이)'와 통하리라는 것입니다. 그래서 하세가와 씨는 한국에도 동짓날 해 뜨는 방향으로 향하는 유적들이 있지 않을까 싶어 답사를 왔다고 하더군요.

하세가와 씨의 말이 일리가 있기도 하고, 마침 해의 신 연오랑

(延烏郎, ?~?)과 달의 신 세오녀(細烏女, ?~?)가 일본으로 가 버리자 신라에서 해와 달이 빛을 잃었다는 설화도 생각났습니다. 그런데 설화에서는 신라 왕이 일본으로 사신을 보내 세오녀가 짠 비단을 가져다 하늘에 제사를 지내자 다시 해와 달이 예전처럼 빛을 찾았는데, 그 제사를 드린 곳이 '도지들'이고 한문으로 표기하면 '도기야(都祈野)'라고 하니 하세가와 씨가 말한 '도키'와도 신기하게 통하는 것입니다. 그래서 저는 하세가와 씨와 함께 장항리 절터에도 가 보고 골굴암에도 가서 부처님이 모셔진 방향을 실측해 보았습니다. 하세가와 씨는 모두 동짓날 해 뜨는 방향이 맞다고 무릎을 쳤습니다.

감은사와 대왕암에도 갔었는데, 하세가와 씨는 문무왕 역시 동짓날 해 뜨는 방향에 장사지냈을 것이라고 보기에 제가 "그렇다면 서라벌 어느 지점에서 본 방향일까요?"라고 묻자 석탈해왕릉이라고 답했습니다. 그러나 여기에는 동의할 수 없었습니다. 일본 사람들은 석탈해가 동쪽에서 왔다는 이유를 들어 석탈해 역시 일본 사람이라고 생각하는 경우가 많은데, 하세가와 씨도 그렇게 보고 있다는 느낌이 들었습니다. 설령 하세가와 씨가 말한 대로 석탈해왕릉에서 보는 방향이 동짓날 해 뜨는 방향이고 그 방향대로 따라가면 대왕암이 나온다손 쳐도 역시 믿기는 어려웠습니다. 당장 석탈해왕릉이라는 그 능이 정말로 탈해이사금을 모신 곳이 맞는지도 알 수 없고, 동짓날 해 뜨는 방향을 잡기 위해 굳이 석탈해왕릉에서 출발할 이유도 없었기 때문입니다. 하지만 동짓날 해 뜨는 방향이 신라 불상이나 사찰을 짓는 데 영향을 미칠 수 있다는 발상만큼

은 신선했습니다.[11]

문득 저는 동짓날 해 뜨는 때에 부처골 감실부처님을 보면 어떤 모습일까 궁금해졌습니다. 그래서 동짓날 해 뜨기 전 곤히 자던 아내 순이를 깨웠습니다. 지금 부처골에 가서 동짓날 해 뜰 무렵 감실부처님의 얼굴을 살펴보려 하니 같이 가자고 하자 아내는 오히려 좋아했습니다. 아내는 평소에도 불심이 깊었고 특히 동짓날 아침에 드리는 기도가 효험이 있다고 믿었기 때문입니다. 다른 사람이었다면 잘 자는데 왜 깨웠냐며 잔뜩 짜증을 냈을 텐데 말이죠. 고마운 아내의 손을 잡고 향도 챙겨서 새벽길을 나섰습니다.

몹시 춥던 그날 새벽 어두운 산길을 걸어 부처골에 들어가 보니 역시나 감실부처님은 어두워 보였습니다. 그러나 먼동이 터 오는 순간 저와 순이는 보았습니다. 아침 해가 솟아오르면서 뿜어내는 빛이 감실부처님 얼굴을 정면으로 비추자, 본래도 웃는 상이었던 부처님 얼굴은 한없는 밝음을 머금고 모든 중생을 어루만져주고도 남을 법한 미소로 피어났습니다. 우리 고향이나 어느 시골에든 있음직한 마음씨 좋은 할머니 같기도 했고, 얼굴 찌푸리는 법 하나 없이 벙글벙글 웃으며 걱실걱실하게 모든 동네일을 맡아 하는 아주머니 같기도 했습니다. 무주상보시(無主相布施)의 보살행을 행하는 사람이라면 바로 저런 얼굴, 저런 미소를 보여주겠구나 싶은 모습이었습니다. 경주를 두 번째 고향으로 삼은 뒤로 600번이 넘게 남산을 누비며 몇 번이나 보아 왔을 감실부처님이 그토록 화사해

11) '저 역시 이 부처님이…'부터 '…신선했습니다'까지는 윤경렬, 『마지막 신라인 윤경렬』(서울: 학고재, 1997) 249~252쪽을 대화체로 각색한 것입니다.

보이기는 처음이었습니다. 동짓날 해돋이가 만들어내는 빛의 조화에 저와 순이는 얼마나 감격했는지 추위조차 잊고 집으로 돌아왔습니다.[12)]

집에 돌아와서도 감실부처님 얼굴에 어린 여명의 햇빛이 떠올라 가슴 한편이 찌르르하게 저려왔던 기억이 생생합니다. 그것은 감실부처님뿐만 아니라 제게 우리 하늘이 얼마나 맑은지, 그 하늘 아래 우리나라 사람을 비추어 주는 태양이 얼마나 밝은지 가르쳐 주신 스승님이셨던 화가 오지호 선생님이 생각나서였고, 오지호 선생님에 앞서 만난 스승 우현 고유섭(又玄 高裕燮) 선생님이 떠올라서였습니다. 두 분을 처음 뵈었던 곳은 개성이었습니다. 일본에서 주을을 거쳐 개성에 이른 계기는 이렇습니다.

저는 1938년 충렬 형님이 돌아가셨다는 소식을 듣고 일본에서의 인형 수업을 끝내고 주을로 돌아왔습니다. 그리고는 〈조선인형연구소〉를 열고 인형제작을 시작했습니다. 간판이야 거창했으나 토우인형을 구울 가마를 만든 정도였습니다. 그러나 생각보다 판로가 잘 열리지 않았습니다. 당시는 미나미 지로(南次郎) 총독 치하에서 내선일체(內鮮一體)라는 구호를 내세워 조선의 풍속과 문화뿐만 아니라 조선의 민족성 자체를 말살하려 했던 시기였습니다. '황국신민서사(皇國臣民誓詞)'를 강제로 암송시키고 창씨개명(創氏改名)을 강요하고 조선어를 사용하지 못하게 만드는 등 일본의 민족 말살 정책은 극심했습니다. 이런 상황에서 조선 풍속 인형을 만들기도 어려웠을

---

12) '문득 저는…'부터 '…집으로 돌아왔습니다'까지는 윤경렬, 『마지막 신라인 윤경렬』(서울: 학고재, 1997) 111쪽을 대화체로 각색한 것입니다.

뿐만 아니라 팔기도 어려웠습니다. 인형이 팔리지 않는 시절 동안 주을에 새로 세워지던 절에서 잠시 단청을 배우기도 했습니다.

그러던 어느 날 제가 일하던 일터에 등산복 차림을 한 낯선 신사가 들어왔습니다. 석주명(石宙明, 1908~1950)이라고 자기를 소개한 그 신사는 내가 만든 인형들을 유심히 바라보다 이야기했습니다. "조선 사람이 조선을 공부한다는 것은 대단히 좋은 일입니다. 나는 나비를 잡으러 관모봉에 왔다 가는 길인데, 조선 나비를 연구하는 사람은 온 세계에 나 혼자뿐이지요. 지금 조선을 연구한다는 것은 대단히 중요한 일이지만, 이런 시대에 여기서 연구하기는 무리입니다. 아직도 우리 풍습이 많이 남아 있는 곳은 평양이나 개성인데 여건을 보면 개성이 무난할 거요"라는 말을 남기고 그는 떠났습니다.

나중에 알고 보니 석주명 선생은 '나비박사'로 불릴 만큼 특출한 곤충학자였습니다. 배추흰나비를 16만 마리나 사육해서 쓴 논문으로 세계적인 명성을 얻었고, 한반도에 자생하는 대부분의 나비 이름을 지어주었습니다. '조선적인 생물학'을 주창하면서 당대의 여러 분야의 학자들과 함께 국학 운동을 전개했던 한편, 조선을 토대로 이룩한 학문적 성과들은 마땅히 세계의 학자들로부터 객관적인 평가를 받아야 함을 주장했던 국제주의자이기도 하였습니다. 그런 분을 우연히 마주쳤다는 사실이 지금도 믿어지지 않을 만큼 신기하기만 합니다. 한데 하필이면 이분이 9.28 서울 수복 이후 과학관을 재건하는 회의에 참석하러 뛰어가다가 술 취한 군인들과 부딪쳤는데, 그들이 석주명 선생을 향해 "조선인민군 소좌다!"라고 외치며 총을 쏘아 죽였다고 합니다.

각설하고, 석주명 선생을 만나고 며칠 후 개성에서 약장사를 한다는 김낙영 씨가 저를 찾아왔습니다. 그분은 송도고등보통학교의 석주명 선생으로부터 소개를 받았다고 하면서, "개성에 와서 자리를 잡고 조선 고유의 풍습을 연구하고 토우인형도 제작하시오. 당분간 생활비는 대어주겠소"라고 권유하였습니다. 저는 김낙영 씨의 권유대로 1943년 여름 홀로 개성에 자리를 잡고 〈고려인형사〉를 운영하기 시작했습니다. 김낙영 씨는 〈고려인형사〉라는 이름도 지어주고 생활비를 대어주었을 뿐만 아니라 좋은 집까지 마련해주어 주을에서 아내 순이를 데려와 함께 살 수 있게 했습니다.[13]

그런 때에 고유섭 선생을 만나 뵈었던 것입니다. 선생은 당시 개성박물관 관장이셨고 불교 조각과 석탑과 고구려 미술에 이르기까지 두루 섭렵하셨던 분이었습니다. 그런 대학자분을 저 같은 시골뜨기가 만나려니 두려운 한편으로 기대도 되었습니다. 하지만 우현 선생은 제가 일본에서 3년 반 동안 공부했다고 하자 곧바로 돌아앉아 버리셨습니다. 그 바람에 저는 한 시간 동안 부동자세로 서 있었는데, 우현 선생은 그제야 의자를 가까이 놓으면서 딱 한 마디만 말씀하셨습니다.

"자네 일본에는 왜 갔는가? 자네 손끝에 일본 놈의 독소가 3년 배었다면 그 독소를 빼는 데는 10년 이상 걸릴 걸세."

---

13) '각설하고…'부터 '…살 수 있게 했습니다'까지는 윤경렬, 『마지막 신라인 윤경렬』(서울: 학고재, 1997) 111쪽, 115~116쪽에서 발췌하여 대화체로 각색한 것입니다.

우현 선생의 질타를 듣자 숨이 콱 막히고 앞이 막막해지는 기분이었습니다. 일본에서 보낸 3년 반을 얼마나 어렵게 견뎌냈던가요. 그런데 험한 꼴도 많이 보고 조센징은 어쩔 수 없다던 수모도 견뎌내며 마친 일본 유학이 오히려 독이 되었다니요. 일본 것을 배운 너는 조선 것은 배울 생각도 말라는 말씀 같았습니다. 집에 돌아와 고민하다 다시 박물관으로 우현 선생을 찾아갔습니다. "10년이 걸리든 20년이 걸리든 해보겠습니다. 방향만 가르쳐주시면 그 길로 가겠습니다"라고 졸랐습니다.

그러자 우현 선생은 "백제 불상은 전라도 사람을 닮지 않았나. 신라 불상은 경상도 사람을 닮았지? 그곳에서 싹트고, 그곳에서 꽃피는 것이 바로 그곳의 아름다움일세. 남의 나라의 것과 비교해가며 진정한 우리 것을 찾아보게. 좋은 일이니 열심히 해보게!"라고 충고와 격려를 보내주셨습니다.

우현 선생 같은 대학자에게 인정을 받았다는 기쁨에 벅차 집에 돌아와서는 사흘 뒤 다시 박물관으로 선생을 찾아갔습니다. 그런데 어찌 된 일입니까! 선생은 그 사흘 사이에 세상을 떠나시고 말았습니다. 향년 겨우 40세였습니다. 선생께 칭찬과 격려를 듣고 환히 밝아졌던 마음이 한꺼번에 캄캄한 밤중이 되어버렸습니다. 민족 말살 통치가 이뤄지던 시대에 역사든 풍속이든 우리 것을 담은 자료는 구할 길도 없었습니다. 그 시절에 우현 선생같이 등대불로 삼으실 분이 계셨는데 그 불이 하루아침에 꺼져버린 것입니다.[14]

---

14) '그런 때에…'부터 '…꺼져버린 것입니다'까지는 윤경렬, 『마지막 신라인 윤경렬』(서울: 학고재, 1997) 128~130쪽을 대화체로 각색한 것입니다.

그래도 다행히 개성에서는 우현 선생만 아니라 오지호(吳之湖, 1905~1982) 선생도 계셨습니다. 동료와 함께 찾아간 오지호 선생 댁은 개성에서는 보기 드문 초가집이었습니다. 초가집에서 동료 화가 김주경(金周經) 선생과 술을 드시던 오지호 선생을 뵙고 물었습니다.

"저는 흙으로 빚은 우리 풍속 인형을 만들어 보려고 합니다. 지금 우리 조선 풍속이 다 사라져가고 있으니 안타깝습니다. 우리 조선의 아름다움에 특색이 있다면 무엇입니까?"

그러자 오지호 선생은 저를 물끄러미 바라보시고는 반문하셨습니다.

"다른 나라 사람들이 우리를 백의민족이라 하는데 우리는 어째서 흰옷을 입지?"

오지호 선생의 질문에 순간 어찌 대답해야 할지 막막했습니다. 보통학교 때 배운 교과서에는 조선 민족은 물감을 만들 줄 몰라서 흰옷만 입었다고 적혀 있었습니다. 그리고 조선 미술에 조예가 깊었고 조선을 남달리 사랑했다는 일본인 학자 야나기 무네요시(柳宗悅) 역시 "조선 사람들이 흰옷을 입는 까닭은 당파 싸움과 폭정에 시달리다 못해 상복(喪服)으로 입는 흰옷을 늘상 입게 된 것이니 조선 사람들은 색깔의 즐거움을 모르는 슬픈 민족이고 한(恨)이 많은 민족이다"라고 말했습니다. 배우고 들은 대로라면 흰옷을 입는 이유가 그리 자랑할 만한 게 못 되었습니다. 그래도 대답은 어떻게든 해야 했습니다.

"흰색은 선비의 색이라 생각합니다. 흰옷을 입고 갓을 쓰면 몸을 단정하게 갖출 수밖에 없기 때문입니다."

그러자 오지호 선생은 단호한 어조로 대답하셨습니다.

"우리가 흰옷을 입는 건 하늘이 맑기 때문일세. 일본은 섬나라라서 공기 중에 수증기가 많이 들어있어서 태양 광선이 순도 높게 반사될 수가 없네. 그래서 일본의 공기에는 뿌연 중간색이 어울린다네. 중국은 대륙이라 주위의 티끌을 끌어모으니 청색이 잘 어울리네. 그리고 우리나라는 3면이 바다란 점은 일본과 비슷하지만, 대륙과 인접한 반도이기에 바다에서 증발된 수증기와 티끌들이 중국으로 흡수되어 버리니 하늘이 맑은 것일세. 그래서 태양 광선이 순도 높게 반사되니 아기들은 무지개를 엮은 색동저고리를 입고 노인들은 무지개의 색을 모두 합친 색, 즉 흰색 옷을 입는 것일세."

그 말씀에 저는 속으로 무릎을 치며 감탄했습니다. 미(美)에도 국적이 있구나, 우리나라의 아름다움은 우리 하늘에서, 우리 기후와 강산에서, 생활 속에서 찾아야 하는구나! 라는 깨달음에 이르자 우현 선생이 떠나신 뒤 어둡고 막힌 것 같았던 마음이 환히 트이는 기분이었습니다. 저는 그 자리에서 결심했습니다.[15)]

"그래. 일본 놈의 독소를 빼기 위해서는 역사가 깊은 곳으로 삶의 터를 옮겨야겠다. 백제 유적이 부드럽고 따스하니 부여나 공주도 좋겠지만, 통일신라 유물은 고구려, 백제, 가야 등 우리 겨레의 지혜가 뭉쳐 이루어진 것이니 더 의미가 있을 것이다." 바로 경주로 가는 길을 열어준 결심이었습니다.

---

15) '그래도 다행히…'부터 '…결심했습니다'까지는 윤경렬, 『마지막 신라인 윤경렬』 (서울: 학고재, 1997) 133~135쪽을 대화체로 각색한 것입니다.

감실부처님을 친견할 때마다 떠오르는 우현 선생과 오지호 선생의 기억을 떠올리다 보니 이야기가 길어졌습니다. 하지만 이곳에 올 때마다 내가 왜 경주를 두 번째 고향으로 삼았는지를 되새기게 됩니다. 감실부처님의 고요한 미소와 복스러운 얼굴을 볼 때마다 우현 선생이 남기신 "신라 불상은 경상도 사람을 닮았지? 그곳에서 싹 트고 꽃 피는 것이 그곳의 아름다움일세"라는 말씀이 떠오르고, 부처님의 얼굴에 비치는 햇빛을 볼 때마다 맑은 하늘과 햇빛이 만드는 우리의 아름다움을 깨우쳐 주신 오지호 선생님이 생각나기 때문입니다.

4. 부처바위 가득 새긴 불국정토

감실부처님을 친견하고 부처골을 타고 내려오면 큰길이 나옵니다. 그 길을 따라 남쪽으로 300m쯤 계속 걸으면 탑골 마을이라는 작은 마을이 나타납니다. 상서장이 위치한 왕정골과 감실부처님 뵈러 가는 길의 절터골, 감실부처님 계신 부처골에 이은 남산의 네 번째 골짜기가 탑골입니다. 탑골 마을 초입에는 옥룡암이라는 간판이 보입니다. 경사진 샛길 옆 냇물을 거슬러 40m쯤 올라가면 옥룡암이 나오고 부처바위와 3층 석탑이 모습을 드러냅니다. 이 바위는 높이 9m에 둘레가 약 30m쯤 되는 커다란 바위인데, 동서남북 사면에 걸쳐 여래상, 보살상, 비천상, 나한상, 목탑과 사자 등을 새겨 사방 사불정토(四佛淨土)를 표현합니다.

정토란 우리 인간 세상과 다른 부처님의 세상을 말합니다. 우주 한가운데 계신 부처님의 진여(眞如, 사물의 있는 그대로의 모습이라는 뜻으로, 우주 만유의 본체인 평등하고 차별이 없는 절대 진리를 이르는 말)의 빛이 비추는 곳마다 그곳에 아름다운 부처님의 세상

불국정토가 이뤄집니다. 부처님의 진여의 빛이 비추지 않는 곳이 없으므로 온 누리에 불국정토 아닌 곳이 없고 온 우주에 화려장엄한 정토가 가득합니다. 그 빛을 형상으로 나타낸 부처를 비로자나불(毗盧遮那佛) 또는 대일여래(大日如來)라고 부릅니다. 진여의 빛으로 가득한 온 우주의 핵심 되는 부처님이란 뜻입니다.

비로자나불의 찬란한 빛이 비추는 곳마다 이루어지는 수많은 부처님의 정토를 화엄세계라 하는데 『금광명경』에 의하면 화엄세계 동방에는 아촉여래(阿閦如來)께서 다스리시는 묘희국 정토가 있고 서방에는 아미타여래(阿彌陀如來)께서 다스리시는 극락정토가 있으며, 남방에는 보생여래(寶生如來)께서 다스리시는 환희국 정토가 있고 북방에는 미묘성여래(微妙聲如來)께서 다스리시는 연화장엄국 정토가 있다고 합니다. 이렇게 비로자나불을 중심으로 사방에 이뤄진 불국정토를 일러 사불정토라 합니다. 사방 부처님들의 이름은 불경마다 서로 다르지만, 신라에서는 모시고 싶은 부처님을 나름대로 사방에 배치하여 예배하였다고 합니다. 사람마다 서원하거나 바라는 소망은 각자 다르겠지만, 부처님은 그들 모두에게 진여의 빛을 비추어 주실 것이기에 사방에 어느 부처님을 모신다고 한들 그것은 부처님이 중생을 구제하시는 방편이라고 하겠습니다.

그렇다면 불국정토란 어떤 곳일까요? 『미륵상생경』에서 미륵보살이 계신 도솔천(兜率天)의 모습은 다음과 같습니다. 우선 5백만 억 개 궁전이 있고 궁전 하나하나마다 일곱 겹 울타리가 있는데 그 울타리들은 칠보(七寶, 금・은・유리・파리(玻璃)・마노(瑪瑙)・거거(硨磲)・산호 또는 금・은・마노・유리・거거・진주・매괴(玫瑰)의 일곱 가지 보물)로 된 구슬로 꾸며졌습니다. 구슬마다 5백억 송이 연꽃이 피어 있고, 한 송이 연꽃마다 칠보로 된 보배 나무 5백만 억 그루가 있습니다. 그 나무들 잎사귀마다 5백억 가지 빛이 나고 그 빛줄기들 하나하나마다 아름다운 천녀들이 있습니다. 그 천녀들은

5백만 억 칠보의 보배 나무 아래에서 백억 가지 보배로 장식한 악기를 타며 아름다운 목소리로 노래한다고 합니다. 신라의 불자들은 그들이 상상한 아름다움 가운데서도 가장 아름다운 것들을 골라 불국정토의 꿈에 실었나 봅니다.

신라의 유적들 가운데에는 사방 불국정토의 뜻을 담아 사방사불을 배치한 바위나 탑들이 상당히 많지만, 그 중에도 이 부처바위는 가장 규모가 크고 다양한 내용을 담고 있습니다. 가장 먼저 보이는 정토는 부처바위의 정면에 새겨진 북면 환희국 정토입니다. 너비 5.7m에 9m 높이의 절벽 바위면 가득히 새겨진 영산 정토는 석가여래 부처님이 여러 보살과 나한들에게 설법하시는 곳이라고 합니다. 벽면 한가운데 석가여래 부처님이 앉아 계시고 부처님 양쪽에는 쌍으로 솟은 목탑이 새겨져 있고 탑 앞에는 사자 두 마리가 마주 앉아 있습니다.

바위에 새겨진 목탑을 보면 바로 이 목탑이 그때 그 시절 금성 한가운데 우뚝 솟았을 황룡사 9층 목탑이겠구나 싶습니다. 경주박물관에는 황룡사 전체를 축소해 만든 미니어처가 전시되어 있는데, 아마도 이 부처바위에 새겨진 9층 목탑을 참고해 만들었을 겁니다. 첫 층은 높은데 두 번째 층부터는 낮아지면서 높이의 비율을 맞춥니다. 추녀와 몸체는 층수가 올라갈수록 조금씩 좁아지고 낮아져서 3.7m 높이에서는 삼각 지붕으로 마무리됩니다.

지붕 위에는 탑의 꼭대기를 장식하는 상륜부(相輪部)가 세밀하게 묘사되어 있습니다. 상륜부를 이야기하기에 앞서 '탑'이란 이름은 어디서 왔을까요? 우리가 늘상 써 온 말인데도 '탑'이 어디서 온 말인지 질문하면 다들 모르기 일쑤입니다. 찾아보니 탑(塔)이란 말은 고대 인도에서 썼던 산스크리트어의 '스투파'나 팔리어의 '투우파'에서 왔다고 합니다. 본디 '스투파'와 '투우파'는 제단이나 무덤을 뜻하는 말이었는데, 시간이 지나면서 석가모니 부처님의 사리를 모신 높은 건물을 일컫는 말이 되었고, 더 세월이 흐르면서는 석가모니 부처님을 나타내는 상징물이 되었습니다. 이 '스투파'와 '투우파'가 중국에 들어오면서 탑파(塔婆)로 음역되었고, 이 말이 줄어서 탑이 되었습니다.

탑은 크게 세 부분으로 나뉩니다. 첫 번째는 탑을 지탱하는 가장 밑바닥인 기단부(基壇部)입니다. 기단이 단단하게 서야 목탑이든 석탑이든 올라갈 수 있습니다. 기단 위에 탑의 몸체 즉 탑신부(塔身部)가 세워집니다. 탑신 안에는 사리와 사리를 담은 사리장엄구가 안치됩니다. 탑의 지붕은 석탑의 경우 옥개석(屋蓋石)이라고 부릅니다. 마지막으로 탑의 가장 꼭대기에서 탑을 장엄하게 꾸며주는 부분이 상륜부입니다. 이 상륜부는 부처님의 사리를 모신 탑을 장엄하게 꾸며주는 역할을 하며 총 8개 부분으로 구성됩니다.

1. 찰주(擦柱) | 쇠나 돌로 만든 끝이 뾰족한 막대 모양 구조물로, 각각의 부재들을 찰주에 꽂아 고정합니다.

2. 보주(寶珠)와 용차(龍車) | 용차와 보주는 찰주 끝에 달린 구슬 모양의 장식입니다. 용차는 '용의 수레'라는 뜻으로 석가모니 부처님께서 보리수나무 아래에서 깨달음을 얻을 때 커다란 용이 악신들로부터 부처님을 지켰다는 데서 유래합니다. 보

주는 상륜부의 마지막으로 보배로운 구슬 곧 용이 지키는 부처님의 깨달음을 뜻합니다.

3. 수연(水煙) | 법륜이 돌며 생기는 불꽃 모양의 물안개 또는 위에서 부처님을 지키는 용이 내뿜는 물안개로도 해석됩니다.

4. 보개(寶蓋) | 햇빛을 가리는 일산(日傘)으로, 보륜이 상징하는 부처님의 깨달음 즉 법을 지켜주고 장엄하게 꾸며주는 역할을 합니다.

5. 보륜(寶輪) | 보륜은 부처님의 깨달음을 상징합니다. 이는 부처님의 설법을 일러 법륜(法輪) 즉 법의 수레바퀴를 돌린다고 표현하는 데서 유래합니다.

6. 앙화(仰花) | 복발 위에 사방으로 핀 연꽃잎 모양의 부재로, 부처님을 모시기 위한 대좌(臺座)를 뜻합니다.

7. 복발(覆鉢) | 그릇[鉢]을 엎어놓은[覆] 모양 같다고 하여 붙여진 이름으로 인도 불탑(스투파)의 반구형 돔을 형상화한 모습이라고 합니다.

8. 노반(露盤) | 상륜부 전체를 받쳐주는 네모반듯한 부재를 노반이라고 하는데, 이는 중국에서 이슬을 받아 여기에 옥가루를 섞어 마시면 장수한다는 중국 도교 사상에서 붙여진 이름이라고 합니다."

부처바위에 새겨진 목탑 두 개 역시 이와 같은 상륜부로 장식되어 있습니다. 두 목탑 앞에 한 마리씩 새겨진 사자들은 불국정토를 지키는 역할을 합니다. 동쪽 사자는 입을 벌리고 있는데, 이를 아(阿)사자라고 하며 열린 세계를 뜻합니다. 아사자는 목에는 털이 없으며 입을 벌리고 오른쪽 발로 힘차게 땅을 딛고 왼발을 들어올린 형상을 하고 있습니다. 반면 서쪽 사자는 목에 긴 털이 많고 입을 다문 모양인데 이는 닫힌 세계를 상징하는 훔(吽)사자라고 하며 오른발을 들고 있습니다. 이 두 사자가 한곳에 모여 있음은 바로 음과 양, 열림과 닫힘으로 구성된 온 우주를 지키고 있음을 뜻한답니다.

목탑들 사이에 넓은 연꽃이 떠 있고 그 위에 석가여래 부처님이 고요히 좌정하고 계십니다. 머리 뒤에 비치는 후광(後光)에도 연꽃이 새겨져 있습니다. 아름다운 연꽃이 피는 곳은 진흙에 푹 썩은 찌꺼기 가득한 수렁입니다. 남들은 더럽다고 들어가기 싫어하는 수렁에서 연꽃은 아름답게 피어납니다. 부처님의 진리는 더러움과 깨끗함을 구분하고 차별하는 데서 나타나지 않음을 보여주는 꽃이 연꽃입니다.

서면은 가장 좁은 공간이어서 부처님 한 분과 비천 하나만 새겨져 있습니다. 오른쪽에는 능수버들, 왼쪽에는 대나무를 두고 여래가 커다란 연꽃 위에 앉아 계십니다. 네모에 가까운 갸름한 머리 위 정수리에는 부처님의 지혜를 상징하는 육계(肉髻, 부처의 정수리에 있는 뼈가 솟아 저절로 상투 모양이 된 것)가 솟아 있습니다. 머리 뒤에는 두광 즉 후광이 비칩니다. 후광 둘레로 둥글게 연꽃을

새긴 가장자리에는 구슬이 늘어져 있고 그 밖으로는 불길이 새겨져 있습니다. 정면을 바라보는 가느다란 눈과 갸름한 코, 꼭 다문 입을 하신 채 이 바위에 새겨진 부처님들 가운데 가장 근엄한 표정을 짓고 계십니다. 반듯하고 갸름한 몸체로 연꽃 위에 단정히 가부좌를 틀고 앉으셨습니다. 그런 부처님 머리 위로 비천이 피리를 불며 날아오릅니다. 서면 바위는 방위로는 서쪽이지만 사방정토의 배치원리로는 동방 유리광정토에 해당합니다. 부처바위의 정면은 북면인데 서면 바위는 왼쪽이 됩니다. 왼쪽은 동쪽에 해당하는 좌청

룡이니 이 서면은 역시 동방에 해당하는 것입니다.

부처바위 남면에는 웃는 얼굴을 한 삼존불이 새겨져 있습니다. 비바람을 많이 맞은 데다 부처바위 자체가 그늘진 자리에 있어 이끼가 많이 끼어서인지 삼존불도 심하게 마모되었습니다. 하지만 비바람에 시달린 중에도 세 분 부처님은 구김살 없이 환히 웃고 계신 얼굴입니다. 가운데 계신 본존불은 역시 큰 연꽃 위에 앉아 계십니다. 복잡하게 주름진 옷자락이 연꽃의 윗부분을 덮고 두 손은 옷자락으로 가려져 있습니다. 단정한 몸체에 넓게 놓인 무릎은 한없이 편안한 모습입니다. 삼존불을 모실 때 가운데 본존불이 앉아 있으면 양쪽에 계시는 협시보살은 보통 서 있는데, 부처바위 남면에는 본존불도 협시보살도 모두 앉아 계십니다. 오른쪽 보살은 연꽃 위에 앉아 두 손을 모으고 머리를 본존불 쪽으로 돌렸는데 왼쪽 보살은 아예 몸 전체를 본존불 쪽으로 기울인 모습입니다. 마치 부처님 말씀을 조금이라도 놓치지 않고 귀를 기울여 더 듣겠다는 마음일까요? 삼존불 서쪽 바로 앞에는 여래입상 하나가 서 있습니다. 얼굴은 절반 이상 부서졌지만 둥글고 풍성한 얼굴입니다. 얼굴에서 출발한 선은 목의 세 겹 주름을 지나 넓은 어깨와 부푼 가슴과 가는 허리에 풍성한 엉덩이 그리고 기둥 같은 두 다리로 이어집니다. 바위 사면에 새겨진 부처님들이 2차원적인 면(面)이라면 이 여래입상이 입체적인 형상으로 서 있으면 3차원으로 공간을 확장시킵니다. 입상 앞에는 불상을 등지고 앉아 있는 스님이 바위에 새겨져 있습니다.

여래입상 남쪽에는 한 층짜리 기단에 4.5m 정도 높이 되는 석

탑이 하나 서 있습니다. 지붕돌(옥개석) 받침은 3단으로 되어 있고 석가탑과 같이 통일신라 전성기에 세워진 탑들과 달리 새긴 솜씨나 세운 맵시도 둔탁한 느낌을 주기에 신라 말기의 석탑으로 보입니다. 그래도 이 탑이 마치 불국정토를 알리는 상징처럼 높은 언덕 위에 솟아올라 어디서나 보이기 때문에 이 골짜기가 탑골이 된 것입니다.

이제 동면 바위입니다. 부처바위에서도 가장 화려한 극락정토가 가득 새겨진 바위입니다. 바위면 북쪽은 계곡이어서 높이가 10m 정도 되는데 남쪽은 언덕 위라서 4m 정도입니다. 남쪽과 북

쪽의 높낮이 차이 때문에 동면 바위의 전체 모습은 남쪽에서 북쪽으로 경사를 이루며 내려가는 직삼각형 모양이고 너비는 13m가량 됩니다. 동면은 셋으로 갈라져 있어서 북쪽에서부터 첫째 면, 둘째 면, 셋째 면으로 나눠 봅니다.

첫째 면은 높이 10m 너비 6m 정도로, 부처바위에서 가장 넓은 면입니다. 면 중앙에는 극락정토에 계시는 부처님인 아미타여래 삼존불이 새겨져 있습니다. 다른 면에 새겨진 부처님들처럼 동면에 새겨진 아미타여래께서도 큰 연꽃 위에 정좌하고 계십니다. 어깨에서부터 부드럽게 내려온 곡선이 두 팔과 몸체까지 그려내고, 무릎을 감싼 옷 주름은 둥글고 풍성하게 연꽃 위에 올라앉아 있습니다.

부처님의 머리와 얼굴 역시 둥글고 부드러워 원융(圓融)의 형상 그 자체입니다. 가늘게 휘어진 눈썹과 갸름한 코와 초승달 같이 휘어진 눈으로 웃음 짓고 계신 부처님이십니다.

동면 바위에서 웃고 계시는 이 아미타여래는 어떤 분이실까요? 우리 중생이 사는 세계는 부처님이 활동하신 세계요 부처님의 국토 즉 불토입니다. 그런데 중생의 세계 너머에는 또 다른 세계인 사방정토가 있고, 그중에서도 서방 극락정토에서 활동하며 모든 중생을 구제하려는 원을 세운 부처인 아미타여래가 계십니다. 이 아미타여래의 가피 – 도우심으로 말미암아 모든 중생은 아미타여래의 이름을 염불하는 것만으로도 구원에 이를 수 있다고 말합니다. 이는 깨달음을 쉽게 얻을 수 있을 만큼 자질이 충분한 사람[上根器]들뿐만 아니라, 능력과 자질이 없고 어리석은 사람들[下根器]까지도 쉽게 법을 얻을 수 있도록 하는 방편입니다.

아미타여래의 왼쪽에 계신 보살님은 머리에는 보관을 쓰고 양쪽 어깨에는 천의(天衣, 천인이나 선녀가 입는 옷)를 입고 여래보다 작은 체구를 하고 작은 연꽃 위에 앉아 계십니다. 두 손을 들어 가슴 앞에 합장한 자세로 여래를 바라보는 모습은 마치 법 받기를 간절히 바라는 마음이 담긴 것 같습니다. 오른쪽에 계신 보살님은 알아볼 수 없을 만큼 세월과 풍파에 심하게 깎인 모습입니다. 아미타여래 삼존불 주위와 머리 위에는 여섯 비천(飛天, 하늘에 살며 날아다니는 천녀)이 새겨져 있는데, 혹은 꽃을 뿌리고 혹은 꽃 접시를 들고 혹은 합장하고 부처님께 찬미하는 모습을 하고 날아다닙니다. 아미타여래 부처님의 웃음이 후광을 따라 바위 가득 새겨진 하늘에 펼쳐지고, 비천의 옷자락이 하늘에서 부는 바람 따라 나부끼니 이 동면 바위는 부처님의 자비로운 웃음과 이를 장엄하는 영광이 넘쳐나는 극락정토가 됩니다.

둘째 면은 높이 5m, 너비 4m 정도인데, 여기에는 보리수와 사라수로 보이는 두 그루 나무 아래 가부좌를 틀고 앉아 명상에 잠긴 스님이 새겨져 있습니다. 석가모니 부처님이 마지막 용맹정진에 임하셔서 마침내 깨달음을 얻으신 곳 역시 보리수 아래였습니다. 셋째 면은 높이 4m쯤 되는 바위인데 여기에도 동쪽 해 뜨는 곳을 바라보며 명상에 잠긴 스님의 모습이 새겨져 있습니다. 하세가와 씨가 들려준 동짓날 해 뜨는 곳 이야기를 생각한다면 이 스님도 동짓날 해 뜨는 방향을 보고 명상에 잠겨 있는 걸까요? 밤이 가장 길어졌다가 다시 낮이 길어지기 시작하는 동짓날의 새벽 햇살처럼, 깨달음도 어둠을 헤치고 밝고 환하게 찾아오리라는 소망을 품고서 말이지요.

이 부처님들 주변에서는 수많은 기와 조각들과 무늬막새가 발견되었습니다. 옥룡암이 세워지기 이전에 부처바위를 둘러싸고 큰 절이 세워져 있었음이 분명합니다. 여기서 발견된 기왓장들 가운데에는 신인사(神印寺)라는 절 이름이 새겨진 조각이 있었습니다. 그렇다면 부처바위를 지키던 절은 신인사였을 것이고, 신인사라는 이름은 곧 신인종(神印宗)에 속한 가람임을 보여줍니다. 신인종이란 신라의 온 백성이 나라를 지키고 삼국을 통일하려 애쓰던 7세기 무렵 명랑(明朗)스님이 일으킨 종파입니다. 부처바위에 새겨진 부처님들 역시 7세기에 세워진 불상의 모습들을 보여줍니다. 동면 바위에 새겨진 아미타여래 부처님처럼 눈웃음을 짓는 부처님이나 부챗살 같은 옷맵시를 보여주는 불상은 8세기 이후로는 보이지 않습니다. 이 점을 미루어 보면 부처바위는 7세기 무렵 세워졌음을 알 수 있습니다. 아미타여래 부처님의 부드럽고 둥근 어깨선은 부여에서 출토된 부여 군수리 석조여래좌상의 모습도 닮았습니다. 신라인들은 고구려 스님 묵호자(墨胡子)에게서 불교를 전해 받았고, 백제로부터는 불상을 조각하고 탑을 만드는 기술을 배웠습니다. 그리고는 고구려와 백제에서 배운 점들을 하나로 모아 자기들만의 부처님을 만들기에 이르렀습니다. 그 결과물이 바로 부처바위라고 하겠습니다.

어떤 학자는 부처바위 사면에서 새겨진 사방정토의 사방불에서 삼국통일을 향한 신라인들의 굳은 의지를 찾아내기도 합니다. 그 학자에 따르면 부처바위 사면에 새긴 사방불이란 마군(魔軍)을 진압하는 의미가 담겨 있다는 것입니다. 통일전쟁 시대에 사방에서 신라를 노리고 밀려오는 적군들을 불교에서 말하는 마군(魔軍)에 비유한 것이지요. 게다가 이곳 탑골 앞 남천을 건너면 명랑스님이 세운 사천왕사 터가 있습니다. 이 명랑스님은 당나라가 백제와 고구려뿐 아니라 신라까지 집어삼키려던 나당전쟁 시절 사천왕사를 세우고 풀로 오방(五方)의 신상(神像)을 만들고 '문두루비법'이라는 비법을 설하였는데, 그와 동시에 군대를 싣고 바다를 건너오던 당나라 전선들이 모두 침몰하였다고 전합니다. 부처바위를 세운 종파가 신인종이고 신인종을 세운 분은 명랑스님이니, 명랑스님의 법력이 사천왕사와 망덕사와 탑골에까지 이르렀다고 하겠지요. 그래서 제 발걸음은 탑골을 나와 보리사를 향합니다.

5. 보리사 부처님과 함께 사천왕사와 망덕사를 바라보며

옥룡암을 나와 큰길이 아닌 마을 들어가는 샛길로 걸어가다 오른쪽으로 방향을 틀면 경사가 급한 언덕길이 나옵니다. 이 길을 숨차게 올라가면 보리사가 나옵니다. 이 절은 『삼국사기』에도 등장하는 절로, 신라 49대 헌강왕릉과 50대 정강왕릉이 보리사 동남쪽에 있다고 기록되어 있으니, 그때부터 지금까지 내려온 유서 깊은 절입니다. 지금은 비구니 스님들이 수행하는 도량입니다. 이 절 꼭대기까지 올라가면 석굴암 본존불만큼이나 잘생긴 석조여래좌상이 있습니다. 본래는 법당에 봉안되어 있었을 것이나 현재는 바깥에서 비바람을 맞고 계십니다. 아쉽게도 광배 윗부분에 금이 가고 대좌도 깨어진 부분이 있기는 하지만 아직도 많이 마멸되지 않고 잘생긴 얼굴을 보여주고 계십니다.

보리사 부처님이 계신 곳에 서서 바라보면
사천왕사와 망덕사와 낭산이 한눈에 보인다.

이 부처님의 높이는 2.44m에 부처님이 올라앉으신 연꽃 대좌 높이는 1.92m입니다. 대지에 뿌리내린 팔각의 연꽃 대좌 위에 팔각기둥이 세워져 있고 그 위에 다시 커다란 연꽃 대좌가 얹혀 있습니다. 보리사 부처님은 두 겹의 연꽃 대좌 위에 가부좌를 틀고 앉으셔서 동쪽 들판을 바라보고 계십니다. 손 모양[수인(手印)]은 깨달음을 앞둔 석가모니 부처님이 마귀를 쫓아내며 맺었다는 항마촉지인(降魔觸地印)을 하고 있습니다. 가늘게 뜬 긴 눈이 당신 앞에 선 불자들을 굽어살피시고 두 눈 사이에는 광명을 비추는 백호의 흔적이 패여 있습니다. 큼직한 육계(肉髻)가 표현된 머리에 가늘게 뜬 긴 눈, 오똑한 코, 조용한 미소를 머금은 듯한 입 등이 조화를 이루고 있습니다. 얼굴은 몸체와는 다른 돌로 이루어졌으며, 목에는 삼도(三道, 세 겹 주름)가 뚜렷하게 보입니다. 좁아진 듯한 어깨에 가슴은 건장한 편이지만 평평하게 처리되어 석굴암 본존불에서 느껴지는 탄력과 긴장감은 많이 줄어들어 있습니다. 이러한 점은 다소 작게 표현된 항마촉지인의 손이라든가 폭이 좁아지고 높이가 낮아져 빈약해 보이는 하체에서도 나타나는 특징입니다.

한편 승가리(僧伽梨 : 大衣)가 표현된 통견(通肩)의 법의는 경주 감산사 석조아미타여래입상(국보, 1962년 지정)의 긴장된 옷주름을 따르고 있지만, 그보다는 자유분방하게 처리되었으며 경주 굴불사지 석조사면불상(보물, 1963년 지정) 남면 본존불 하체에 표현된 옷 주름보다는 보다 세련된 면을 보입니다. 광배는 윗부분이 절단되었으나 지금은 붙여 놓았습니다. 광배 안에는 굵은 철선(凸線)으로 부처님의 머리에서 나는 빛[두광(頭光)]과 몸에서 나오는 빛[신광

(身光)]을 구분하고 이 선을 따라 12잎의 연꽃무늬를 새겼습니다. 이는 부처님의 빛이 비치는 곳마다 연꽃처럼 깨끗하고 아름다운 정토가 된다는 뜻입니다. 두광과 신광의 안쪽에는 보상화문(寶相華文)·당초문(唐草文)을 화려하게 새겼고, 두광에는 3구의 화불(化佛), 신광에는 4구의 화불을 배치하였으며, 바깥쪽으로는 불꽃무늬가 유려하게 새겨져 있습니다. 화불들이 새겨져 있는 것은 부처님의 진여의 빛이 드러나는 곳곳에 부처님이 계심을 뜻하며, 불꽃이란 역시 부처님의 진리가 가지는 위력을 나타냅니다. 이처럼 불꽃무늬·화불·꽃무늬 등이 빽빽이 새겨진 장식적인 광배는 이후 석조불상 광배의 전형적인 형태를 이루게 됩니다.

광배 뒷면에는 약사여래좌상 1구가 선으로 새겨져[선각(線刻)] 있는데, 이러한 수법은 밀양 무봉사 석조여래좌상(보물, 1969년 지정)이나 경북대학교 박물관에 소장된 광배 등에서 희귀하게 나타나는 예라고 합니다. 학자들은 보리사 부처님에 대해 "전체적으로 양감이 줄어들어 평면성을 띤 이 석불좌상은 감산사 불상이나 석굴암 본존불 좌상과 같은 8세기 불상의 이상적 사실주의 양식으로부터 훨씬 진전되어 9세기 양식으로 이행되는 특징을 보인다"라고 합니다. 그러나 높다란 육계, 눈·코·입이 정제된 세련된 얼굴, 당당한 신체, 굴불사 남면 본존불보다 세련된 옷 주름 등을 보면 신라 후기의 쇠퇴를 반영하듯 다소 위축되고 경직되는 9세기 불상과는 차이가 납니다. 그래서 보리사 부처님은 다른 부처님 불상들과 우열을 가릴 필요가 없이 8세기 불상의 세련된 불격(佛格)을 사실적인 조각으로 멋지게 표현한 당대의 역작으로 높이 평가할 만합니다.

보리사 부처님과 함께 바라보는 배반평야 벌판과 낭산

보리사 부처님은 부처님이 잘생기신 것으로도 볼 만하지만, 부처님 앞에 일망무제로 펼쳐진 서라벌 배반평야 벌판을 바라보는 맛이 일품입니다. 신라가 통일을 이루고 가장 강성했던 시절 서라벌에는 17만 8천9백 36호나 되는 집들이 모두 기와집으로 줄지어 있었답니다. 고려 시대의 고승 일연 스님은 당신이 쓴 『삼국유사』에서 전성기 신라 시대 서라벌을 "별을 뿌려놓은 듯 절이 많았고[寺寺星張], 기러기 줄지어 가듯 탑이 많았다[塔塔雁行]"라고 묘사합니다. 보리사 부처님도 그렇게 장했을 신라의 서울 서라벌을 굽어보았을 것입니다.

장하였을 서라벌을 상상하며 눈을 들어 북동쪽을 바라보면 야트막하게 솟아오른 낭산이 보입니다. 낭산 솔숲 속에는 선덕여왕께서 잠들어 계시고 그 아래로는 터만 남은 사천왕사가 잠들어 있고 사천왕사 앞길 건너편 논밭 한가운데에는 망덕사 터가 남아 있습니다. 사천왕사가 있음으로써 낭산은 불교의 천신인 도리천이 머무는 수미산이 됩니다. 선덕여왕께서는 돌아가실 적에 자신을 도리천에 묻어 달라고 했는데 사람들이 그 뜻을 알지 못했습니다. 도리천이란 불교에서 말하는 하늘 위에 있는 산인데 어찌 사람이 도리천에 묻히겠냐는 것이지요. 그러자 선덕여왕은 자기를 낭산에 묻어 달라고 유언하고 돌아가셨는데, 나중에 낭산 아래에 사천왕사가 들어서자 신라인들은 낭산이 왜 도리천인지 알게 되었습니다. 수미산 꼭대기가 도리천이고 그 아래가 사천왕천이기 때문입니다. 사천왕(四天王)은 수미산 중턱에 위치한 사천왕천의 주인으로 동방의 지국천왕(持國天王), 남방의 증장천왕(增長天王), 서방의 광목천왕(廣目天王), 북방의 다문천왕(多聞天王)을 말합니다. 사천왕은 천신으로 동서남북

낭산 솔숲 속 선덕여왕릉

인들은 신라가 곧 불국토라고 믿어 왔으며, 사천왕사를 세우면서는 불국토를 지키는 사천왕이 신라 사방을 지켜주기를 발원했을 것입니다.

사천왕사는 문무왕 19년(679)에 창건되었다고 전합니다. 부처바위를 품었던 절 신인사와 신인종(神印宗)을 세웠던 명랑스님의 공력이 여기에도 미칩니다. 명랑스님은 사간(沙干) 재량(才良)의 셋째 아들이며 어머니는 법승랑(法乘娘)이라고도 하는 남간부인(南澗夫人)입니다. 남간부인은 소판(蘇判) 무림(茂林)의 김씨의 딸이자, 유명한 자장율사(慈藏律師)의 누이동생이었으니 명랑스님은 나면서부터 불도에 귀의할 인연이 있었나 봅니다. 명랑스님의 두 형은 국교대덕(國教大德), 의안대덕(義安大德)인데 대덕(大德)이란 이름 역시 덕이 높은 스님에게 드리는 경칭입니다.

명랑스님은 선덕여왕 원년인 632년에 당나라에 들어가 3년 동안 불법을 공부하고 635년 신라로 돌아왔습니다. 설화에 따르면 서해 용왕이 명랑스님 돌아오던 길에 스님을 용궁으로 불러들여 설법을 청했답니다. 명랑스님이 당나라에서 배운 비법을 설법하자 용왕은 크게 기뻐하며 황금 1천 냥을 보시하였습니다. 스님은 그 금을 가지고 몰래 땅속으로 신라까지 와서 자기 집 우물로 솟아 나왔답니다. 그리고는 자기 집을 내놓아 절을 만들고 용왕이 보시한 금을 불상과 탑에 입히니 절이 온통 금빛으로 빛나서 금광사(金光寺)라는 이름을 얻었다고 합니다.[16)]

『삼국유사』에 따르면 사천왕사가 창건된 사연은 이렇답니다.

---

16) 윤경렬, 『경주 남산과 탑골』(서울: 열화당, 1991), 65쪽.

660년 신라는 당나라와 연합하여 백제를 멸망시켰는데, 정작 당나라는 백제 땅에 다섯 도독부를 두어 다스렸습니다. 668년에 고구려가 나당연합군에 의해 멸망하자, 당나라는 고구려 땅에도 아홉 도독부를 두어 다스렸습니다. 그리고 당나라가 점령한 옛 백제 땅과 고구려 땅을 관장하는 안동도호부(安東都護府)를 평양에 두어 신라 영토를 넘봤습니다. 경상도와 강원도, 한강 유역을 제외하고 나머지 땅을 모조리 당나라가 점령했으니, 신라는 오랜 세월 자기들을 위협해 온 백제와 고구려를 무너뜨리는 데 성공했음에도 정작 당나라에 병탄을 당할 위기에 처했습니다.

이에 신라는 고구려 유민들을 도와 고구려 부흥 운동을 일으켜 당나라와 싸우게 하고, 백제 땅에서는 당나라와 싸우면서 영토를 찾아 나갔습니다. 이에 당나라와 신라는 계속 대립했고 마침내 문무왕 9년(669)에는 신라가 당나라에 사죄사(謝罪使)로 김흠순 등을 보냈으나 당나라 고종은 그들을 크게 꾸짖었고, 태종 무열왕의 동생 김인문을 억류한 채 전쟁을 준비하였습니다. 마침 당나라에 있던 의상대사가 그 소식을 듣고 김인문을 만나기를 청했답니다. 김인문은 “지금 당나라에서 50만 대군을 이끌고 신라를 치러 준비하고 있으니 스님께서는 속히 귀국하셔서 이 일을 대왕께 아뢰어 주십시오”라고 당부했답니다. 이에 의상대사는 문무왕 10년(670)에 귀국해 문무왕에게 상황이 긴박함을 아뢰었습니다.

문무왕은 의상대사의 아룀을 받고 신하들을 불러 논의했습니다. 그러자 각간(角干) 김천존(金天存)이 명랑스님에게 물어보라고 아뢰었답니다. 이에 문무왕은 명랑스님을 불러 당나라 군대 50만이 바다를 건너 쳐들어올 예정이라고 설명하고 어떻게 대처할지 물었습니다. 그러자 명랑스님은 "낭산 신유림(神遊林) 남쪽에 사천왕사(四天王寺)를 세우고 도량을 여시옵소서"라고 간언했답니다. 신유림(神遊林) 역시 '신이 노는 숲'이라는 뜻이니 신라에서 신령하게 여기던 곳이 아니었을까 합니다. 그런데 절을 지을 틈도 없이 당나라군이 서해 바닷가로 다가온다는 급보가 들어왔습니다. 이에 명랑스님은 비단을 둘러 천막을 치고 풀을 베어 엮어 오방신상(五方神像)을 세우고는 유명한 스님 열두 분을 초빙하여 밀교(密敎)의 문두루비법(文豆婁祕法)을 행하여 기도했다고 합니다. 그러자 서해에 풍랑이 일어 바다를 건너오던 당나라 군선은 싸워 보지도 못하고 모조리 침몰하니 침략이 실패로 돌아갔습니다. 당나라의 침략을 저지하고 676년 신라는 드디어 백제 옛 땅과 대동강 이남 고구려 땅에서 당나라 군대를 모두 몰아내고 한반도에 첫 번째 통일국가를 완성했습니다. 나당전쟁이 승리로 끝나고 3년 뒤, 문무왕 19년(679)에 사천왕사는 드디어 완공되었습니다.

군선과 50만 군대를 잃은 당나라 고종은 크게 분노했답니다. 도대체 무슨 비법으로 풍랑을 일으켰는지 수소문하던 당나라 고종의 귀에 신라가 사천왕사라는 절을 세우고 밀교의 비법을 행하여 당나라 군대를 수장시켰다는 소문이 들어왔습니다. 이에 당나라 고종은 김인문과 함께 투옥되어 있던 신라 사신 박문준을 불러 추궁했습니다. 그러자 박문준은 "본국의 일은 잘 모르오나, 신라가 밀교의 비법으로 폐하의 군대를 해쳤다는 소문은 거짓일 것입니다. 신라는 폐하께서 군대를 보내시어 고구려와 백제를 무찔러 주신

은덕을 기리고자 사천왕사를 짓고 불사(佛事)를 베풀었을 것입니다" 라고 천연덕스럽게 답했습니다. 그 말을 듣고 당나라 고종은 예부시랑(禮部侍郎, 시랑은 지금의 차관 격의 벼슬입니다) 악붕귀(樂鵬龜)를 신라로 보내어 박문준의 대답이 사실인지 확인하라는 명령을 내렸습니다.

당나라 사신이 사천왕사를 보러 온다는 소식이 들어오자, 신라 조정은 당나라 사신에게 사천왕사를 보여줄 수 없어 사천왕사 건너편에 거짓으로 다른 절을 세워 악붕귀를 그리로 안내하였다고 합니다. 그러나 악붕귀도 큰 나라의 고관답게 신라의 속임수를 간파하고 "여기는 사천왕사가 아니라 망덕요산(望德遙山)의 절이구나" 라고 대답하였습니다. 다급해진 신라 조정은 악붕귀를 금 1천 냥으로 매수하였습니다. 어마어마한 황금에 혹한 악붕귀는 당나라로 돌아가 "과연 신라는 사천왕사를 지어 폐하께서 만수무강하시기를 빌고 있었사옵니다"라고 거짓으로 보고했고 신라는 위기를 모면했답니다. 뿐만 아니라 악붕귀가 돌아가는 길에 문무왕은 문장가 강수(强首)를 불러 김인문 일행을 석방해달라고 청하는 표문을 올렸고, 이에 당나라 고종은 신라의 청을 들어주었다고 합니다. 여기까지가 『삼국유사』에 나오는 사천왕사 창건과 명랑스님에 얽힌 이야기입니다.17)

---

17) 그런데 『삼국유사』에서 이렇게 기록된 바와 달리, 김인문은 죽을 때까지 당나라에 머물며 신라의 외교 사절로 활약했으며 694년(효소왕 3년)에 당나라 수도 장안에서 세상을 떠났습니다. 당나라에서는 사례시 대의서령(司禮寺大醫署令) 육원경(陸元景)이 호송하여 김인문의 유해를 신라로 옮기게 했으며, 효소왕은 김인문에게 태대각간(太大角干)을 추증하고 다음 해 서악(西岳, 현 경주시 서악동)에서 장례를 치렀습니다.

이밖에 『삼국유사』에는 10세기 초 경명왕 대에 신라가 혼란스러워지자 사천왕사 벽화의 개가 나와 짖거나 탑의 그림자가 거꾸로 선 채 움직이지 않았다는 설화가 등장합니다. 고려 문종 28년(1074) 7월에도 사천왕사에서 27일 동안 문두루도량을 열었다고 합니다. 또한 『삼국유사』에는 사천왕사 터도 과거칠불(過去七佛) 시절의 일곱 절터 가운데 하나로 등장합니다. 과거칠불이란 지난 세상에 출현했던 일곱 부처를 일컫는 말로 비바시불(毘婆尸佛)・시기불(尸棄佛)・비사부불(毘舍浮佛)・구류손불(拘留孫佛)・구나함불(拘那含佛)・가섭불(迦葉佛)・석가모니불(釋迦牟尼佛)이 있다고 합니다.

앞에서도 이야기했지만, 신라인들은 불국토가 멀리 있는 곳이 아니며 지금 자기들이 사는 곳이 바로 과거의 부처님들이 설법하시던 불국토라는 믿음을 가졌습니다. 그래서 서라벌 역시 과거칠불이 머물면서 설법하던 땅이고 그분들이 머물던 곳이 바로 흥륜사(興輪寺)・영흥사(永興寺)・황룡사(皇龍寺)・분황사(芬皇寺)・영묘사(靈妙寺)・사천왕사(四天王寺)・담엄사(曇嚴寺) 등이라는 것이지요. 이런 믿음을 가지고 신라인들은 자기들이 사는 신라 땅을 새로운 불국토로 가꾸어 가려는 염원을 품었던 것입니다. 그 믿음의 소산이 바로 남산에 가득히 남은 부처님들과 석탑들입니다.

이토록 신라인들에게 큰 의미를 지녔던 사천왕사가 언제 없어졌는지는 확실히 알 수 없습니다. 『동국여지승람』에는 조선의 개국공신 하륜이 이 절에서 묵으며 주지와 시국을 논한 뒤 근처에 원을 세웠다는 구절이 있다고 합니다. 이후 폐허가 된 경위는 알 수 없지만, 근처의 분황사처럼 임진왜란 때문에 소실되었을 가능성이 높아 보입니다. 숭유억불(崇儒抑佛)하는 조선 시대에 이런 평지의 큰 폐사지가 재건되기는 어려웠을 겁니다. 게다가 일제강점기인 1920년대 초에는 한 일본인 수집가가 거의 도굴하다시피 서탑 터를 발굴해서는 사천왕 부조상 등의 유물들을 박물관에 팔아버렸습니다. 얄궂게도 이 도굴꾼이 팔아먹은 사천왕상 덕분에 사천왕사라는 절의 가치가 세상에 알려졌습니다.

그런데 조선총독부는 실측 외의 발굴조사에는 무심할 뿐이었습니다. 오죽하면 당시 조선의 유명한 유적은 다 조사했던 후지시마 가이지로(藤島亥治郎)라는 학자조차도 저서 『조선건축사론』에서 말하기를 "총독부가 절터 땅을 사들여 보존 중이지만 발굴조사를 위한 운동을 했는데도 물거품이 된 것은 애석하다"라고 했을까요? 조선총독부로서는 신라 호국의 염원이 담겨 있던 사천왕사를 발굴하거나 보존하는 일이 오히려 조선인들의 민족의식을 일깨우지는 않을까 염려했을지 모르겠습니다. 그래서인지 일제는 1930년대에 동해남부선 철도를 부설하면서 철길이 사천왕사 강당 터 위로 지나가도록 만들어 버렸습니다. 날마다 열차가 달리는 철길이 생겼으니 그때부터 강당 터에는 아직도 손을 전혀 대지 못했고 사천왕사 터는 오늘날까지 두 동강 나 있습니다.18)

사천왕사는 신라에 세워진 수많은 절 가운데 최초로 쌍탑을 세운 절이라는 점에서도 의미가 있습니다. 발굴조사 결과 금당 앞에

18) 이 글은 고청 선생의 마지막 해인 1999년을 배경으로 합니다. 사천왕사를 갈라놓았던 동해남부선 철길은 현재 철거되어 경주시 외곽으로 이설되었습니다. 철길로 갈라져 있던 부분이 사천왕사의 핵심인 강당 터인 만큼 어떤 유물이 묻혀 있을지 기대해도 좋을 것입니다.

두 개의 목탑이 세워진 자리가 확인되었습니다. 쌍탑의 건립 배경에 대해서는 사천왕사의 문두루비법과 관련된 밀교 사상과 관련시키기도 하고, 백제 익산 미륵사의 3탑(1목탑+2석탑) 중 쌍석탑을 세운 양식이 통일신라로 전해졌다고도 볼 수 있습니다. 통일신라가 고구려와 백제의 문화유산을 골고루 흡수하여 새로운 문화를 탄생시켰다는 점을 감안한다면 백제의 쌍탑이 사천왕사 건축에 영향을 미쳤다는 생각이 듭니다.

또한 사천왕사에서는 여러 신장상(神將像)이 출토되었습니다. 녹색 유약을 바른 가로 약 70cm, 세로 약 90cm, 두께 7-9cm인 사각형 전돌에 사천왕상을 새겼는데, 반부조(半浮彫)이지만 가슴, 손, 무릎 등은 고부조(高浮彫)로 하여 입체적 형태를 강조했습니다. 신라시대 다른 사찰의 사천왕상들이 악귀를 밟고 서 있는 데 반면, 사천왕사에서 출토된 신장상들은 특이하게 악귀를 깔고 앉은 좌상의 형식을 띱니다. 특히 사천왕이 왼손에 칼을 세워 들고 잡귀 두 마리를 꿇어 앉혀 그 등에 앉은 모습은 조각적 기량이 뛰어나다. 또한 흠 잡을 데 없는 사천왕의 정확한 신체 표현과 정교한 무늬, 그리고 악귀의 사실적 표현은 생동감과 현실감을 잘 살려줍니다. 이러한 조형 감각은 기존 삼국시대에는 볼 수 없었던 완벽한 기법으로, 아마도 양지(良志) 스님이 만든 작품이 아닐까 합니다.

양지 스님의 출신이나 가계는 알 수 없으나, 아마도 선덕여왕 시대(632~646년)에서 문무왕 시대(661~680년)에 걸쳐 활동했다고 여겨집니다. 스님이 살던 절을 석장사(錫杖寺)라 하였는데, 이는 스님이 가지고 다니던 석장(錫杖 : 중이 짚고 다니는 지팡이) 끝에 포대를 달아 두면 지팡이가 스스로 단월(檀越 : 施主)의 집으로 날아가서 재 지낼 비용을 거두어 다시 본래의 장소로 돌아왔다 하여 얻어진 이름이라 합니다. 양지 스님은 글씨와 조각을 비롯해 여러 가지 예술에 능통하여 신기에 가까운 기예를 비길 데가 없다고 명성이 높았습니다. 조각 작품은 주로 소조(塑造 : 진흙으로 만듦)에 능통하였는데 영묘사의 장륙삼존상(丈六三尊像)과 천왕상 그리고 전탑(殿塔)의 기와를 비롯하여 사천왕사 탑 아래의 신장상, 법림사의 주불삼존(主佛三尊)과 좌우 금강신(金剛神) 등이 유명하였습니다. 영묘사(靈廟寺)와 법림사(法林寺)의 현판을 쓰기도 했다는데 현존하였다면 김생(金生)과 더불어 신라 명필의 작품으로 길이 남았을 텐데 흔적도 없어 아쉬울 뿐입니다.

양지 스님은 탁월한 예술가였을 뿐만 아니라 수행으로 덕망이 높은 고승이기도 했습니다. 양지 스님이 영묘사의 장륙삼존상을 만들 때는 금성의 수많은 남녀 백성들이 앞다투어 진흙을 날랐다고 합니다. 힘써 일하는 백성들을 보고 양지 스님은 「풍요(風謠)」라는 노래를 지어 부르게 했답니다. 이 「풍요」는 혼자 노동할 때 고됨을 덜기 위하여 부르는 노동요라고 하나, 불상 하나를 만드는 데 소요되는 진흙의 분량이 그리 많지는 않았을 테니 고된 노동을 잊으려 부른 노래는 아닐 것입니다. 양지 스님이 영묘사의 장륙삼존상을 만들 때는 스스로 선정(禪定)에 들어 무념무상의 경지에서 떠오른 부처의 모양을 따라 만들었다고 합니다. 금성의 남녀 백성들이 앞다투어 진흙을 날랐다는 것은 양지 스님과 함께 공덕을 닦기 위하여 모여든 것으로 짐작됩니다.

사천왕사 목탑 터

그러므로 양지 스님의 진면목은 예술가로서 보여준 화려한 기예에 있지 않으며, 서라벌의 수많은 남녀 백성들이 다투어 따랐던 덕이 충만한 수행자로서의 모습에 있다고 하겠습니다. 불가에서는 무엇이든 그 일에 마음을 다하는 것을 일러 정념(正念)이라고 부릅니다. 깨달음에 이르는 팔정도(八正道) 가운데 일곱 번째에 해당합니다. 지금 이 순간 일어나는 (1) 몸의 움직임, (2) 감각이나 감정, (3) 마음의 움직임(방향성), (4) 개념이나 생각. 이 네 가지에 대해 마음을 다해 집중하고 챙기는 것이 정념입니다. 예를 들어 염불할 때에는 염불하는 대상에 마음을 집중해야 하고, 기도할 때에는 기도 자체에 집중해야 합니다. 양지 스님은 불상을 조각하는 일이나 신장상이 새겨진 기왓장을 굽는 일에나 하나같이 집중하여 정념을 이루는 수행의 방편으로 삼았을 것입니다.

사천왕사와 함께 등장하는 절이 망덕사입니다. 망덕사라는 절의 이름은 악붕귀가 '망덕요산(望德遙山)의 절'이라고 부른 데에서 정해졌다고 합니다. 『삼국유사』에 의하면 692년(효소왕 1)에 절을 다시 짓고 낙성재를 베풀었다고 하고, 『삼국사기』에서는 685년(신문왕 5)에 완공되었다고 합니다. 755년(경덕왕 14) 이 탑이 흔들렸는데, 그해에 중국에서 안녹산(安祿山)의 난이 일어났답니다. 신라인들은 "당나라 왕실[唐室]을 위하여 지은 절이니 마땅히 그러할 것이다"라고 하였습니다. 당시 이 절은 황룡사(皇龍寺)·사천왕사·황복사(皇福寺) 등과 함께 경주의 중요한 사찰 가운데 하나였으나 사천왕사

망덕사 절터.
주춧돌과 건물 토대가 황량하게 남아 있다.

와 달리 신라 시대 이후의 역사는 전하지 않습니다. 지금은 논밭 한가운데 동・서 목탑지와 금당지, 강당지, 중문지, 회랑터 등이 남아 있습니다. 망덕사는 사천왕사나 감은사와 같이 통일신라의 전형적인 쌍탑 가람 배치를 보여줍니다. 서쪽에는 보물로 지정된 망덕사지 당간지주가 자리하고 있는데 사찰 창건 당시 같이 조성된 것으로 보입니다.

6. 거문고갑을 쏴라

보리사를 나와 임업시험장(2025년 현재 경북천년숲정원)을 왼쪽에 끼고 남쪽 길로 쭉 내려가면 명막골(길이 500미터)이 나오고 그 어귀에서 200미터쯤 남쪽으로 가면 화랑교육원이 있는 천암골 입구입니다. 소년소녀들에게 신라의 화랑과 같이 나라를 사랑하는 마음과 참된 용기를 지니게 하기 위하여 합동훈련을 하는 교육장이라고 하지요. 여기서 더 내려가면 신라 49대 임금이셨던 헌강왕(憲康王, 재위 875~886)을 모신 헌강왕릉, 50대 임금이셨던 정강왕(定康王, 재위 886~887)을 모신 정강왕릉이 있습니다.

앞서 고운 최치원 선생님께서 들려주신 말씀처럼, 헌강왕은 어지럽던 신라 하대에 마지막 중흥을 일으킨 임금입니다. 보리사에서 바라보았을 옛 서라벌의 모습이 바로 헌강왕 시절의 모습입니다. 초가집 하나 없이 기와집만 있었고 밥을 할 때는 장작이 아니라 공들여 구워 만든 숯을 썼다는 서라벌 시내에서도 특히 큰 집들이 서른다섯이었는데 이를 금입택(金入宅)이라 불렀답니다. 그러나 이런 부유함은 서라벌과 진골 귀족들에 국한되었고, 헌강왕이 공들여 키웠던 6두품들은 최치원 선생을 비롯해서 여전히 골품제에 묶여 차별을 당하며 자기 능력을 펼칠 기회를 받지 못하였으며 호족들의 반란도 계속되었습니다. 만일 헌강왕이 좀 더 오래 살아 최치원 선생과 함께 더 많은 일을 할 수 있었다면 신라는 어떤 나라가 되었을까 싶어 탄식하게 됩니다.

헌강왕릉은 남산의 능선이 가지를 쳐서 내려온 산줄기 소나무숲 한가운데 있습니다. 1993년 여름 8월 큰 장마로 헌강왕릉이 무너지자 이를 보수하고 수습하는 과정에서 왕릉의 구조를 파악하는 조사가 이뤄졌습니다. 헌강왕릉은 돌을 쌓아 굴처럼 방을 만들어 그 안에 유해를 모신 뒤 흙으로 덮어 둥글게 쌓아 올렸으니 이른바 굴식 돌방무덤입니다. 왕릉 아래에는 다듬은 돌로 보호석을 만들어 4단으로 쌓아 올렸는데, 이는 삼국통일 이후의 신라왕릉으로서는 유례가 없다고 합니다. 38대 원성왕을 모신 괘릉(掛陵)은 돌사자, 문무백관을 새긴 조각상, 십이지(十二地)를 새긴 신상을 위엄 있고 생생하게 세워놓았지만, 헌강왕릉은 무덤을 꾸미는 석물이나 석상도 없이 소나무숲 안에서 홀로 호젓이 서 있습니다.

헌강왕릉에서 10분 정도 걸어가면 정강왕릉입니다. 두 왕릉은 헌강왕과 정강왕이 형제였던 사실을 알려주듯이 가까운 곳에 비슷한 모습으로 세워져 있습니다. 정강왕은 즉위하고 1년 만에 세상을 떠났기에 이렇다 할 치적을 남기지 못했습니다. 『삼국사기』에는 형 헌강왕처럼 황룡사에서 백좌강경(百座講經)을 설치하였고 지방에서 일어난 반란을 토벌하였다는 기록이 있을 뿐입니다. '백좌강경'이란 이 법회는 인왕도량·인왕경도량·인왕백좌도량·백고자법회·백좌도량·백좌인왕도량·백좌법석·백좌강회·백고좌강회 등 다양한 명칭으로 불리는 대표적인 호국 불교 의식이었습니다. 세상이 어지럽거나 나라가 위태로울 때 100개의 불상과 100개의 보살상과 100개의 나한상을 모시고, 100명의 고승을 초청하여 100개의 등과 100개의 향을 불사르고 100개의 꽃을 공양하면서 하루에 두 번 『인왕반야바라밀경』을 강독하고 공덕을 베푸는 일 등의 수행으로 이루어지는 대법회였으니 이만한 규모의 법회를 열려면 국가적 규모로 치러져야 합니다. 법회를 준비하고 각자의 고승들을 초청하는 일 자체만으로도 온 나라 백성들의 마음과 힘을 모아 하나로 만들어야 하는 일이었을 겁니다. 헌강왕도 정강왕도 부처님의 원력을 빌어 어지러운 말기 신라를 단합하고 중흥하려 했겠으나 그들에게 주어진 시간은 짧았습니다. 두 형제 왕릉은 그래서인지 쓸쓸해 보입니다.

원성왕릉의 화려함과 헌강왕릉, 정강왕릉의 쓸쓸함 사이에는 어떤 우여곡절이 있었는지 생각합니다. 35대 경덕왕까지 계속되던 통일신라의 전성기가 36대 혜공왕의 시대에 한 번 꺾이고 하대 신라로 들어가는 시기에 즉위해 나라를 안정시키려 힘쓴 임금이 38대 원성왕입니다. 부자 망해도 3대는 먹고 산다는 말처럼, 통일신라의 전성기는 지나갔어도 그동안 쌓인 역량은 원성왕릉과 같이 화려한 왕릉을 꾸밀 수 있을 만큼은 남아 있었겠지요. 하지만 세월이 흘러 헌강왕 대에 이르자 신라 역시 바깥의 비바람에다 안이 썩은 기둥과 대들보를 견디지 못해 무너지려는 낡은 집과 같은 형상이 되었습니다. 무너지려는 신라를 어떻게든 떠받치려 했던 헌강왕이 죽고 뒤를 이은 정강왕 역시 1년 만에 죽어 진성여왕이 뒤를 잇자 6두품까지 등용해 나라의 인재를 널리 구하려던 노력도 무산되고, 흉년과 반란이 연달아 일어나 세금이 걷히지 않고, 세금이 걷히지 않으니 국력을 투입해 반란을 진압할 여력도 없어졌습니다. 그리하여 신라는 급격히 무너집니다.

왕릉을 축조하는 데 국력을 투입하기 어려울 만큼 쇠락한 나라가 마지막 정성을 들여 세운 왕릉이 헌강왕릉과 정강왕릉이었을 것입니다. 진성여왕의 왕릉은 어디에 있는지 알 수 없고 효공왕릉으로 알려진 무덤은 크기도 작은 데다 선덕여왕부터 무열왕까지 세워진 무덤들을 더 닮았습니다. 신덕왕릉과 경명왕릉으로 알려진 무덤은 8대 임금 아달라이사금을 모신 무덤 옆에 세워져 있어서 '배동 삼릉'으로 불립니다. 후백제 군주 견훤이 서라벌을 침공했을 때 죽임을 당한 55대 경애왕의 능은 보통 사람들이 쓰는 무덤만큼 작고 초라하며, 마지막 임금 경순왕의 능은 서라벌을 떠나 개성 인근 연천군 장남면에 조성되었습니다. 게다가 오늘날 경순왕릉은 남북한을 갈라놓는 군사분계선 아래 민간인 출입통제선이 능 바로 위를 지나가고 있어 출입도 자유롭지 못한 형편입니다.

신라의 마지막 나날들이 깃들어 있는 헌강왕릉과 정강왕릉을 지나 계속 걸어가면 남산동에 도달합니다. 이 일대는 옛 서라벌의 교외로 소풍객들이 즐겨 찾던 곳이라고 합니다. 여기서 봉화골로 올라가면 칠불암이 나오지요. 남산 봉우리를 등지고 펼쳐진 들판에 연못이 여러 개 있는데, 그 가운데 철와골 앞 마을에는 서출지(書出池)라는 꽤 큰 연못이 있습니다. '서출지'란 말 그대로 '편지[書]가 나온[出] 연못[池]'인데, 『삼국유사』에 실려 있는 것처럼 신라 21대 소지 마립간(일명 비처 마립간)이 연못에서 나온 노인의 편지 때문에 죽을 위기를 넘겼다는 전설을 간직한 곳입니다.

소지 마립간 10년(488) 정월 보름에 임금이 신하들과 함께 천천정(天泉亭)으로 행차하였는데, 쥐가 사람처럼 말하며 까마귀를 따라가라 하여 임금은 말을 탄 장사[騎士]를 시켜 까마귀를 따라가게 하였답니다. 그런데 장사는 까마귀를 뒤쫓아 양피촌 연못가에 왔는데, 그곳에서 돼지 두 마리가 싸우는 모습에 눈이 팔렸다가 까마귀가 어디로 가는지 놓쳐 버렸습니다. 임금의 명을 거역한 꼴이 되어 당황해하던 장사가 연못가를 서성이며 까마귀를 어떻게 찾아야 하나, 못 찾으면 뭐라고 말해야 하나 궁리하고 있었는데, 연못에서 크게 물결이 일더니 그 속에서 한 노인이 나타났습니다. 노인은 장사에게 편지가 담긴 봉투 하나를 건네주면서 임금에게 반드시 전하라고 당부하고는 다시 연못 속으로 사라졌습니다.

장사가 임금에게로 돌아와 봉투를 왕에게 바쳤더니 겉봉에 "열어보면 두 사람이 죽고 안 열어보면 한 사람이 죽을 것"이라고 쓰여 있었답니다. 소지왕은 두 사람이 죽는 것보다는 한 사람이 죽는 것이 낫다고 생각해서 열어보지 않으려 하였으나, 일관(日官 : 길일을 가리는 일을 맡아보는 벼슬아치)이 "두 사람은 보통 사람이고 한 사람은 임금님을 가리키는 것이니 열어보셔야 합니다" 하고 아뢰고 다른 신하들도 일관의 말이 옳다고 간언하였습니다. 그래서 왕이 봉투를 열어보니 "거문고 상자[금갑琴匣]를 쏴라"라고 쓰여 있었습니다.

임금은 급히 반월성 왕궁으로 돌아와서는 활을 들어 거문고 상자를 쏘았습니다. 화살이 나무판자를 꿰뚫자 쿵! 하는 소리와 끔찍한 비명이 동시에 왕궁을 울렸고 화살에 꿰뚫린 거문고 상자에서는 붉은 피가 줄줄 흘러나왔습니다. 상자를 열어보니 그 안에는 궁주(宮主, 왕비, 후궁, 공주 등에게 책봉하던 별칭)가 거처하는 내전(內殿)에서 향을 사르며 공양하는 일을 하는 스님인 분수승(焚修僧)이 화살에 꿰뚫려 있었습니다. 이 스님은 궁주와 몰래 정을 통하고는 임금이 나간 사이 거문고 상자에 숨어 있다가 장차 임금을 해치려고 숨어 있던 것입니다. 이에 임금은 스님과 궁주를 함께 처형하였으니 편지에 쓰인 대로 둘이 죽고 하나가 살았습니다.

이러한 일이 벌어진 날이 곧 정월 보름이었습니다. 그리하여 소지왕은 이 날을 상기하기 위하여 매년 정월 보름을 오기일(烏忌日)이라 부르고 집집마다 오곡밥을 지어 제사를 지내게 하였으며, 오곡밥을 떠서 담 위에 얹어 까마귀에게 공양하는 풍속이 생겼습니다. 그리고 그로부터 신라 사람들은 매달 첫 돼지날[상해일(上亥日)], 첫 쥐날[상자일(上子日)], 첫 소날[상오일(上午日)]에는 모든 일을 삼가고 행동을 조심하며 어디로 나가기도 삼가게 되었답니다.

*** 덧붙이는 이야기:**

서출지 이야기에 따르면 그때 이미 궁주가 거처하는 내전에 승려가 머무르며 향을 피우는 의식을 거행할 정도로 불교가 왕실에

까지 퍼져 있었다고 하겠습니다. 불교는 23대 법흥왕 시기 이차돈(異次頓)의 순교에 힘입어 신라의 국교가 되었으나, 불교 자체는 국교가 되기 이전에도 이미 신라에 널리 퍼져 있었음을 서출지 이야기는 알려줍니다. 그리고 서출지 이야기는 소지 마립간 시기 신라 안에서 벌어진 정치 싸움의 내막을 보여주기도 합니다. 여기서는 스님과 정을 통한 궁주는 누구였는지가 문제입니다.

소지 마립간의 왕비에 대해 『삼국사기』에서는 이벌찬(伊伐湌, 신라의 최고 관등) 내숙(乃宿)의 딸인 선혜부인(善兮夫人)으로, 『삼국유사』에서는 기보갈문왕(期寶葛文王, 왕의)의 딸이라고 나옵니다. 갈문왕이란 왕비의 아버지나 왕의 외할아버지이거나 왕의 아버지이지만 왕이 아니었던 인물 그리고 왕의 동생에게 수여했던 이름입니다. 내숙은 소지 마립간 8년(486)에 이벌찬에 등용된 인물이고, 기보갈문왕은 제19대 눌지 마립간(재위 417~458)의 동생입니다. 그리고 기보갈문왕은 지증왕의 아버지인 습보갈문왕(習寶葛文王)으로 봅니다. 이렇게 보면 소지 마립간에게는 적어도 두 명의 부인, 내숙의 딸인 선혜부인과 기보갈문왕의 딸(지증왕의 누이동생)이 있었다고 할 수 있겠습니다.

그렇다면 서출지 이야기에 나오는 궁주가 선혜부인이라면 어떨까요? 서출지 사건이 역모로 판명되어 선혜부인과 분수승이 함께 처형당했다면 그로 말미암아 이득을 얻을 세력이 있었을 것입니다. 바로 소지 마립간의 또 다른 부인으로 보이는 지증왕의 누이동생을 비롯해 훗날 지증왕을 옹립한 세력이었겠지요. 하지만 분수승과 정을 통해 소지 마립간을 시해하려 했던 궁주가 기보갈문왕의 딸

여름이면 서출지 연못 둑에 백일홍이 구름처럼 피어나고 연꽃이 물 위에 흐드러질 것이다.

이라고 한다면 어떨까요? 소지 마립간이 지증왕을 지지하는 세력을 견제하고 제거하는 데 이보다 더 큰 명분과 이유도 없었을 것입니다.

어떤 사람들은 궁주와 정을 통한 스님이 바로 고구려가 보낸 첩자가 아니었는지 의심하기도 합니다. 광개토대왕의 아들 장수왕은 승려 도림을 백제에 보내 개로왕에게 접근시켰습니다. 도림은

개로왕의 바둑 친구로 총애를 받게 되자 개로왕을 부추겨 사치스러운 궁궐을 짓게 합니다. 이는 민심이 개로왕에게서 떠나게 하고 국력이 쇠진하게 만드는 계략이었습니다. 백제를 도탄에 빠뜨리는 데 성공한 도림은 임무를 완수하고 고구려로 귀환했고, 장수왕은 곧바로 백제를 공격해 개로왕을 쳐 죽이고 한강 유역을 완전히 점령합니다.

그렇다면 백제를 무너뜨린 계책을 고구려가 신라에도 쓰지 않았을까요? 스님을 파견해 신라 왕궁에 침투시켜 안에서부터 혼란을 일으키는 식으로요. 소지 마립간 이후 고구려에서 신라로 내려온 스님들이 즉결처분을 당하는 일이 자주 있었다고 하는데, 이는 서출지 사건 때문에 고구려에서 온 스님을 경계하게 되었기 때문은 아니었을까요?

서출지 서북쪽 연못가에는 '이요당(二樂堂)'이라는 정자가 있습니다. 이 정자는 1664년(현종 5)에 임적(任勣)이라는 사람이 글을 읽고 경관도 즐기고자 지었다고 합니다. 이요당은 몸채는 땅 위에 있고 누마루는 연못에 세워 놓은 돌기둥 위에 있어 마치 정자 절반은 땅에, 나머지 절반은 물 위에 있는 모습을 하고 있습니다. 여름이면 둥글게 떠 있는 연잎 사이로 기와지붕 추녀가 연못 물에 비춰 어른거립니다. 정자를 감싸듯이 우거진 여러 그루의 팽나무 고목과 물가의 배롱나무는 일부러 꾸며 만든 정원보다 아름다운 풍경을 만듭니다. 그러나 지금은 아무도 못 들어가게 문을 잠가 놓고 있어 아쉽습니다. 나무와 기와로 된 옛집은 사람이 직접 살면서 때맞춰

손을 보고 돌봐주어야 합니다. 그러지 않으면 오히려 더 빨리 낡아 버리지요.

그런데 제가 예전에 마을 어르신들에게 들은 바에 따르면 원래 서출지는 이곳에서 약 400미터 남쪽에 있는 탑마을 양기못이라고 합니다. 양기못은 옛 기록에 '양피못[壤避池]'으로 적혀 있습니다. 『삼국유사』 속 서출지 이야기에서는 양피촌 연못가에서 장사가 까마귀를 놓쳤다가 편지를 든 노인을 만났다고 하였으니 『삼국유사』의 기록과 마을 어르신들의 이야기대로라면 양기못 즉 양피못이 진짜 서출지고 지금의 서출지는 어찌된 영문인지 양피못과 뒤바뀐 다른 연못이라고 하겠습니다. 양피못이라는 이름은 이 마을에 있었던 양피사(壤避寺)라는 절에서 나왔는데 지금은 절터와 3층 석탑 두 개에 석등 연화대석 하나만 남아 있습니다. 양피사 터에 남아 있는 두 개의 석탑에서 탑마을이라는 이름이 나왔지요.

그런데 신기하게도 두 석탑은 동쪽과 서쪽에 각각 하나씩, 마치 불국사의 석가탑과 다보탑처럼 서로 다른 건축 방식으로 세워져 있습니다. 동쪽 탑은 벽돌로 된 전탑(塼塔)을 본떠 쌓은 석탑인데, 이런 방식으로 쌓은 석탑은 모전석탑(模塼石塔)이라고 합니다. 동쪽 탑은 아래에는 넓은 받침돌을 이중으로 쌓고 그 위에 육중한 석재 여덟 개를 네모지게 쌓고 그 위에 화강암을 벽돌처럼 다듬어 쌓아 탑의 몸체를 만들었습니다. 탑의 몸체를 떠받치는 돌덩이 여덟 개는 이음줄이 서로 어긋나게 쌓여 있는데, 이는 탑을 굳건하게 보이게 하는 동시에 단조로워 보이지 않도록 변화를 주는 것입니다. 빗물이 흘러내리는 지붕 윗면과 지붕 처마 밑 옥개받침 모두 계단식으로 되어 있으며, 지붕 추녀는 일직선으로 장중하게 뻗어 있습니다.

서쪽 탑은 감은사 터 석탑이나 고선사 터 석탑, 불국사 석가탑처럼 목조 기와집을 본떠 쌓은 석탑으로 우리 눈에 익은 3층 석탑입니다. 기와집을 본떠 만든 석탑답게 지붕 추녀 끝은 서쪽 탑과 달리 경쾌한 곡선으로 치켜 올라간 모습입니다. 특이하게 이 탑의 상층 기단 사방에는 팔부중(八部衆)이라는 신들이 한 면에 두 개씩 새겨져 있습니다. 천룡팔부(天龍八部)나 팔부신장(八部神將) 또는 팔부신중(八部神衆)으로도 불리는 이 팔부중들은 위로는 하늘로부터 아래로는 아수라장 지옥에 이르기까지 살면서 부처님 계시는 땅 불국토(佛國土)를 수호하는 신장(神將)들입니다.

서쪽 탑에 새겨진 팔부중은 이렇습니다. 금강방망이를 들고 아래 세상을 노려보는 천신(天神), 구슬을 손에 들고 비바람을 다스리는 용신(龍神), 얼굴 셋에 팔 여덟을 가지고 지옥을 다스리는 아수라(阿修羅), 염주를 입에 물고 있는 야차(夜叉), 두 귀 옆에 말머리를 달고 있는 노래의 신 긴나라, 사자탈을 쓰고 향을 즐기고 음악을 들려주며 천신들을 공양하는 건달바, 배와 가슴으로 기어다니는 마후라가, 새의 머리에 사람의 모습을 한 가루라까지 여덟입니다. 탑을 지탱하는 밑받침인 기단에 팔부중이 새겨져 있는 것은 기단 위에 쌓은 탑의 몸체가 곧 하늘의 세계이며, 하늘로부터 지상과 지하에 이르기까지 모든 사바세계가 다 평화로울 때 우리 인간의 세계 역시 참된 행복이 온다는 뜻이라고 생각하였습니다.[19] 특히 신라 사

19) 윤경렬, 『신라 이야기 2』(서울: 창작과비평사, 1991). 77쪽.

람들은 아름다운 소리가 인간의 마음뿐만 아니라 신까지 감동시키는 힘이 있다고 믿었습니다. 이런 믿음을 보여주는 설화가 염불 스님의 이야기입니다.

양피사 터 근처에는 염불사 터로 알려진 절터와 3층 석탑 두 개가 있습니다. 이 절은 본래 피리사로 불렸는데, 이 절에 속세의 이름도 법명도 알려지지 않은 스님 한 분이 계셨답니다. 그런데 이 스님이 법당에 앉아서 염불을 외우면 17만 8,936호에 걸친 서라벌 모든 집들이 그 염불 소리를 들었답니다. 스님이 염불을 외울 때마다 화난 사람들은 화가 풀리고 메말랐던 마음이 풀리고 욕심과 질투와 슬픔에 빠진 사람들 역시 평화로운 마음이 되었습니다. 어느새 서라벌 사람들은 피리사에 계신 스님을 '염불 스님'이라 부르게 되었고, 스님이 열반에 들자 이를 그리워하여 스님의 상을 흙으로 빚어 모시고 공경했답니다. 그리고 스님이 계시던 피리사를 '염불사'로 고쳐 불렀다고 합니다.

7. 원효 스님과 함께 오르는 칠불암

염불사 터에서 남쪽으로 걸어가면 쑥두듬골이 나옵니다. 800미터쯤 더 걸어가면 과수원이 있고 과수원을 지나면 개울이 있는데 이 개울을 건너간 다음 두 갈래 길 가운데 서쪽으로 트인 좁은 길로 올라갑니다. 30미터쯤 더 가면 개울이 또 있고 서쪽에서 흘러오는 두 계곡이 보입니다. 북쪽 승소골과 남쪽 천동골이지요. 제 발걸음은 원효 스님이 머무르시며 수행하셨다는 칠불암 가는 길로 이어집니다. 산길을 오르는데 어찌 이리 걸음이 가벼운가 싶었는데 이 길이 꿈길이라는 걸 잊었습니다. 꿈에서는 마음 가는 대로 발걸음도 쭉쭉 나가나 봅니다.

그렇다면 상서장에서 최치원 선생을 뵈었듯이 원효 스님도 꿈으로 나타나시려나요? 맞습니다! 칠불암 오르는 길목 홈태골 어귀에서 봉화골로 올라가는 길, 그 앞에 우스꽝스러운 광대 옷차림으로 산길을 훌쩍훌쩍 타 넘고 있는 저 스님이 어쩌면 원효 스님이실지 모릅니다. 아니 소성거사(小性居士)라고 불러야 할까요? 어쨌든 불러봅니다.

"스님, 원효 스님!"

"원효가 누구이고 여기 스님이 어디 있다고 스님이라 부르시는고?"

"원효 스님이 아니신지요? 그렇다면 소성거사님이신지요?"

"원효가 어디 있으며 소성거사도 또 어디 있단 말인가? 원효도 소성거사도 모두 한 몸이고 한 마음일 뿐, 달리 누가 있어 원효라고 부르고 소성거사라 부른다는 말인가? 그런데 나를 찾는 처사는 누구이신고?"

"저는 윤경렬이라는 처사입니다. 고청(古靑)이라고도 부르지요. 스님보다 1300년쯤 뒤에 고구려 땅 주을이란 곳에서 태어나 지금은 이곳 경주에서 삽니다. 스님에게는 서라벌이라고 해야 옳겠군요."

"서라벌이라는 이름도 신라라는 나라도 영원한 법은 없소. 입적한 이래 이 땅에 수많은 일이 있었고 수많은 전쟁이 있었음을 아오. 전쟁 통에 내가 『금강삼매경』을 강론했던 황룡사도 잿더미가 되었소. 그러니 서라벌이 어떤 이름으로 바뀌었어도 무슨 상관이겠소? 그런데 처사께서는 어떻게 나를 알아보셨소?"

"남천 기슭에 저희 집이 있는데 집에서 술 한 잔 하고 옛날 생각도 하다 잠들었더니 꿈에서 고운 최치원 선생을 뵈었습니다. 그리고는 홀린듯 제가 다니던 남산 동쪽을 산책하다 칠불암까지 올라갈 생각을 하고 봉화골로 들어왔는데 스님이 보였습니다. 스님이 칠불암에서 대안(大安) 스님과 함께 수도하셨다는 이야기도 들었고, 저런 옷차림으로 나타나실 분은 스님 외에 달리 생각나지 않아서 불러 보았습니다. 지금 제가 꿈에서 스님을 보고 있는 것인지 생시에 스님을 보고 있는 것인지 분간이 되지 않습니다."

"장자도 호접몽(胡蝶夢)을 꾸었다 깬 뒤 장자 자신이 꿈속에서 나비가 되었는지, 나비가 꿈속에서 장자가 되었는지 알 수 없다고 말하지 않았소? 덧붙이자면 나비가 꿈에서 깨어나 장자가 되었는지, 장자가 꿈에서 깨어나 나비가 되었는지도 모를 것이오. 깨어 있음과 꿈속에 있음이 어떻게 구분되겠소? 그런데 어떤 이들은 자기들만 깨어 있고 남들은 꿈속에서 헤어 나오지 못했다고 말하는데 정작 남들이 보기에는 그들이 깨어 있지 못한 채 꿈속에 헤매고 있다고 할 수도 있겠지. 서로 깨어 있는지 꿈에서 깨지 못했는지를 두고 싸우고 다툰다면 그저 번뇌와 망상에 시달린 데 불과하니 종국에는 누가 깨어 있든 꿈속에 있든 무슨 상관이 있겠소? 이런 사소한 말다툼이 커지면 싸움이 되고, 싸움이 더 커지고 퍼지면 전쟁이 되어 중생을 고해(苦海)와 도탄에 빠뜨리게 되오."

"스님 말씀을 들으니 당나라 시대 혜능(慧能, 638~713) 스님이 법회에 참석했던 이야기가 생각납니다. 법회에서 스님들이 펄럭이는 깃발을 보고 '바람이 움직였냐? 깃발이 움직였냐?'를 놓고 다투다 혜능 스님이 '바람도 깃발도 움직이지 않았고 그저 스님들 마음이 움직였을 뿐이오.'라고 답해 주었다지요."

"그렇소. 무수히 많은 주장이 나오고 다툼이 분분하다고 해도 결국에는 마음 하나, 한 마음[일심(一心)]으로 돌아가기 마련이오. 그래서 내가 『십문화쟁론(十門和諍論)』을 쓴 것이오. 이는 교파와 학파들의 논쟁[쟁(諍)]을 화합[화(和)]시키고자 하는 뜻과 더불어, 통일된 신라에서 백성들의 마음을 하나로 모으고자 하는 뜻이 있었소. 신라가 통일에 이르기까지 백제, 고구려, 당나라에 이르기까지 얼마나 많은 전쟁을 치렀고 얼마나 많은 목숨이 스러졌는지 모르오. 나 역시 아버지 내마(奈麻)[20] 담날(談捺)공께서 고구려 낭비성에서 벌어진 전투에 나가셨다가 전사하셨다는 소식을 듣고 12살에 화랑이 되었소. 아버지께서 돌아가시고 한 해 뒤 잉피공(仍皮公) 할아버지도 돌아가셨소. 얼굴 한 번 못 본 어머니께서는 밤나무 밑에서 나를 낳으시고 얼마 지나지 않아 돌아가셨으니 의지할 바라고는 동료 화랑들뿐이었소. 검술대회에 출전해 장원이 되기도 했고 아버지를 죽게 한 고구려에 맞서 전쟁터에 나가 싸웠으며 친구가 전사하는 모습도 보았다오."

"저는 일본이 나라를 잡아먹고 백성들을 수탈하던 시대에 태어났습니다. 일본이 분수도 모르고 온 세계를 향해 전쟁을 벌였다가 미국과 소련이라는 어마어마하게 강한 나라에 패배했는데, 그 뒤로 미국과 소련이 나라를 절반씩 나눠 버리는 바람에 나라가 남북으로 갈라지고 북쪽에서 먼저 남쪽으로 쳐들어와 전쟁이 터지자 하마터면 전쟁터로 끌려갈 뻔했습니다. 다행히 이곳 서라벌에는 북쪽 군대가 들어오지 못하고 전쟁이 끝났기 때문에 제가 직접 전쟁터

20) 내마(奈麻)는 신라 17관등 중 11번째로 5두품 이상이 오를 수 있습니다. 원효의 아버지 설담날이 내마의 관등을 가졌다는 기록은 원효의 가문이 5두품 이상에 해당했음을 알려줍니다.

에 나가 싸운 적은 없습니다. 하지만 전쟁 때문에 수백만이 넘는 사람들이 목숨을 잃었고 심지어는 내 나라 군대가 무수히 많은 무고한 백성들을 적군에 내통한 배신자로 몰아 학살하기까지 했습니다. 남북 사이에는 아무도 감히 넘어갈 수 없게 쇠바늘 가득 박힌 쇠사슬로 쇠 그물을 짜고 그것으로 벽을 만들어 수백 리에 걸쳐 세웠습니다. 그래서 저도 고구려 옛 땅 제 고향에 못 가 본 지 50년이 넘습니다."

"일본이 이 나라를 잡아먹었었다는 말이오? 물론 일본이야 우리 신라와도 오래 싸운 사이였다지만 말이오. 그리고 아무리 고구려와 백제와 신라가 치열하게 싸웠어도 쇠바늘에 쇠사슬 그물로 벽을 만들고 아무도 넘어가지 못하게 만들지는 않았소. 그랬다면 내가 고구려에 계신 보덕 화상을 찾아가 뵙고 『열반경』과 『유마경』을 배울 생각을 어떻게 했겠소?"

"스님께서 속세에 계실 무렵 고구려와 신라는 국운을 걸고 싸웠습니다. 게다가 아버님께서도 고구려와의 전쟁에서 돌아가셨는데 스님께서는 어찌하여 고구려까지 넘어가실 생각을 하셨는지요?"

"내가 불도에 뜻을 두지 않았다면 칼 잘 쓰고 싸움 잘하는 무인 설서당(薛誓幢)으로 살다가 어느 전쟁터에서 죽었을지 모르오. 끝까지 살았다면 전공(戰功)을 인정받고 영웅으로 대접받는 장군이 되었겠지. 그러다 어느 날 불현듯 깨달았소. 적이 휘두른 창칼에 내 아버지와 친구가 죽었는데, 나 역시 친구와 아버지의 복수라는 일념으로 누군가의 아버지와 아들과 친구를 무수히 죽이고 그들의 피를 내 창칼에 잔뜩 묻혔음을 말이오. 열두 살 소년 설서당이 서른 하나 장년이 되기까지 열아홉 해에 걸쳐 온갖 산천을 돌아다니며 검술을 수련하고 전쟁이 터지면 어디든 달려갔던 일이 고작 사람 잡는 마군(魔軍)이 되어 죄업을 잔뜩 쌓은 일에 지나지 않았소. 고구려와 백제와 신라라는 구분은 누가 한 것이오? 처사께서 이야기했듯 한 나라가 남북으로 갈라져 싸우다 끝내는 쇠바늘 박힌 쇠사슬 그물로 벽을 쌓는 일은 어째서 일어난다는 말이오? 칼과 함께 살았던 열아홉 해가 허망하여 불도에 귀의하기에 이르렀소. 내가 품었던 복수심이 또 다른 죽음과 복수심의 원인이 되고 그로 말미암아 죽음이라는 결과가 생겨나고 그 죽음이 다시 복수심을 낳는 식으로 끝없이 미움을 거듭하는 번뇌란 결국 사라질 것을 사라지지 않을 것처럼 여기고 집착하는 데서 나왔음을 배웠소. 마음에 증오와 분심이 가득 차면 적을 모두 죽여야 한다는 악심이 들겠지. 그러나 사라질 것이 사라질 것으로 바로 보이면[정견(正見)] 세상과 사람이 바로 보이리라는 부처님 가르침을 곧바로 이해하지는 못했지만, 무엇이든 내가 살아온 삶과는 전혀 다른 깨달은 삶의 길을 알려 주리라는 생각이 들었소. 그래서 서른한 살에(647년) 출가하면서 고향 땅 압량 옛집을 절로 바꿔 초개사(初開寺)라고 이름 붙였고, 어머니께서 나를 낳으셨다는 밤나무 옆에도 절을 지어 사라사(裟羅寺)라 하였소. 그리고 3년 뒤 서른네 살 무렵 평양 반룡사에 계시던 보덕 화상을 뵙고 『열반경』과 『유마경』 속 열반과 방등의 가르침을 배우려 내 도반(道伴) 의상(義湘)과 함께 고구려로 떠난 것이지. 보덕 화상께 배운 다음 육로를 따라 당나라로 가려고 했소."

"의상 대사님과 함께 고구려로 떠나셨다가 국경에서 고구려 군대에 잡혀 첩자로 오인을 받고 갇혀 계시다 수십 일 만에 되돌아오셨습니다. 그때 큰일을 안 당하시기 다행입니다. 그런데 당시 육로를 따라 당나라로 가려 했다면 고구려와 당나라의 최전선인 천리장성 일대를 거쳐야 하고, 천리장성을 지나 요하(遼河)를 건넌 다음에도 늪지대와 뻘밭이 연이어지는 요택(遼澤)을 통과해야 했을 테니 역시 어려우셨을 겁니다."

"처사 말이 맞소. 생각해 보면 무모한 짓이었지. 그래도 내가 열두 해 동안이나 고구려와 백제의 병사들과 싸웠는데도 얼굴과 이름이 팔리지 않아 다행이었소. 머리를 깎고 가사와 장삼을 입었으니 더 못 알아봤을지도 모르오. 혹시라도 날 알아본 병사가 있었다면 고구려에서 무사히 돌아오기는커녕 거기서 의상과 함께 입적했겠지. 그런데 바로 그해 6월 보덕 화상이 고구려 지배층이 도교에 빠진 것을 비판하고 백제 땅 완산주로 내려오셨소. 거리는 더 가까워졌는데 백제와 신라가 치열하게 싸우는 시기였으니 때를 기다릴 수밖에 없었소. 그러다 10년 뒤(660년) 7월 신라가 당나라와 함께 백제를 무너뜨리니 비로소 보덕 화상이 계신 완산주 고대산 경복사로 가는 길이 열렸소. 그 길로 의상과 함께 서라벌을 떠나 보덕 화상께 달려가서 열 달 동안 『열반경』과 『유마경』을 배웠지."[21]

---

21) 김경집에 따르면 다음과 같습니다. 백제가 멸망한 것이 660년 7월이고 661년 당나라로 가는 배를 타러 가던 두 사람이 고분과 같은 밖에서 잠을 잘 수 있으려면 적어도 초여름 전후일 테고, 『송고승전』에서 여러 날 비가 왔다는 것으로 보아 장마 무렵일 가능성도 있습니다. 이런 정황을 고려할 때 원효와 의상이 보덕 화상에

“마침내 배우고 싶은 은사님께 배우게 되었으니 얼마나 기쁘셨을지 헤아려지지 않습니다. 그런데 보덕 화상께 배우고 당나라로 떠나는 길에서 유명한 사건이 생기지요. 세상 사람들은 스님이 무덤 속에서 자다가 목이 말라서는 바가지에 담긴 물을 달게 마셨는데, 알고 보니 해골에 담긴 물이었음을 알고 깨우침을 얻으셨다고 합니다.”

“하하하, 나도 모르는 내가 또 있었나 보오. 참 재미있는 이야기구려. 의상과 함께 당나라 가는 배를 타러 당항진(현재 경기도 화성시 서신면) 가는 길에 장마철을 맞았소. 사방이 어둑어둑해지는데 길은 온통 진흙밭이 되고 개울물도 불어나 더는 걷기 어렵게 되었소. 그런데 마침 언덕 아래 뚫린 땅굴 하나를 찾아 그 안에 들어가 잠을 청했다오. 비바람도 들이치지 않고 바닥도 흙바닥이 아닌 돌바닥이라 잠을 청할 만했소. 하룻밤 잘 자고 일어났는데 알고 보니 그 땅굴은 땅굴이 아니라 해골이 흩어져 있는 무덤이었소. 돌로 방을 쌓고 출입구를 만든 다음 그 위에 흙을 쌓아 만드는 백제식 무덤이라 얼핏 보면 동굴처럼 보이는 그런 무덤이었소. 해골이 굴러다니는 무덤 속에서 하루 더 자기는 싫었지만, 그칠 줄 모르는 비 때문에 도리 없이 하루 더 자게 되었소. 그날 밤에는 나도 의상도 밤새도록 귀신이 나타날 것만 같아 잠을 이루지 못했고 깜박 잠

게 『열반경』과 『유마경』을 배울 수 있는 시간은 대략 9~10개월 정도입니다. 그리고 서라벌에서 완산주를 거쳐 당항진에서 당나라로 가는 배를 타러 가는 경로는 경주-경산-합천(대야성)-함양-장수-진안-완산주-논산-공주-직산-당항진이 되었을 것입니다. 이상은 김경집, 〈입당구법 위해 당항진 가던 중 직산 무덤에서 깨달음〉, 2022년 12월 30일 자. https://www.buddhismjournal.com/news/articleView.html?idxno=31941

이 들었다가도 귀신이 나타나는 꿈만 꾸며 시달렸소. 다음 날 아침에야 마침내 비가 그치고 햇빛이 쨍하게 비추는데 갑자기 휘몰아치듯 깨달아지는 게 있었소.

> "어젯밤 잠자리는 토굴이라 편안했는데 오늘 밤 잠자리는 귀신의 집에 의탁하니 매우 뒤숭숭하구나. 알겠도다! 마음이 일어나므로 갖가지 법이 일어나고[심생즉종종법생(心生則種種法生)], 마음이 사라지므로 토굴과 무덤이 둘이 아님을[심멸즉감분불이(心滅則龕墳不二)]. 삼계(三界, 욕계, 색계, 무색계)가 오직 마음이요. 만 가지 법은 오직 인식일 뿐이다. 마음 바깥에 현상이 없는데 어디서 따로 구하겠는가? 나는 당나라에 가지 않겠다!"[22)]

땅굴인 줄 알고 잤을 때는 그렇게 편안할 수 없었는데, 땅굴이 아니라 해골이 굴러다니는 무덤인 줄 알자 귀신이라도 만날 듯 두려워 한잠도 못 이뤘던 일은 모두 내 마음이 만들어낸 것이었소. 땅굴과 무덤이 마음에 달렸다면 친구도 적도 역시 마음에 달렸을 것이오. 내 마음이 만들어낸 조화에 내가 휘둘려서는 전쟁터를 뛰어다니고 창칼을 맞대고 싸우고 미워하며 마음속 불을 태우고 있었을 뿐이었소.

내 손에 죽은 이들을 비롯해 오래도록 이 땅 위에 계속되었던 전쟁에서 서로 죽고 죽인 이들 사이에 싸움을 그치고 평화를 깃들

---

22) 『송고승전』, 이상은 김원명, 『원효: 한국불교철학의 선구적 사상가』(파주: 살림, 2008), 34쪽 재인용.

이게 하는 화쟁의 열쇠가 바로 내 마음 하나였소. 이걸 깨달았는데 어찌 다시 당나라까지 가서 시간을 낭비할 수 있었겠소? 모든 것이 마음에 달려 있을 뿐이라는 이 깨달음을 속히 전해야 했소. 그로써 전란에 지친 세 나라 백성들 사이에 화쟁을 이루고 하나 된 나라 백성으로 살아가게 해야 했다오. 그래서 그 무덤가에서 의상을 홀로 떠나보내고 나는 왔던 길을 되짚어 다시 서라벌로 돌아갔다오."

"해골에 담긴 물 이야기는 훗날 호사가들이 양념을 칠 대로 친 이야기였다는 말씀이군요. 저는 어린 시절 잡지에서 해골물 이야기를 읽고 원효 스님은 비위가 약하셨구나 싶었고, 한편으로는 깨달음을 얻으신 날에 원효 스님은 배탈에 시달리시지는 않았을까 싶기도 했습니다."23)

"남의 이야기를 좋아하는 사람이라면 어떻게 살을 붙여서라도 자기 이야기를 듣게 만들고 싶은 마음이 들기 마련이오. 있던 일도 부풀리고 없던 일도 만들어내서라도 말이오. 그래도 해골에 담긴 물 이야기는 제법 그럴듯하게 들리오. 내가 무덤에서 이틀 밤을 보내며 얻은 깨달음의 정수를 해치지 않고 더욱 분명하게 전하고 있구려."

원효 스님이 화랑이 되었다가 출가한 이야기, 의상 대사와 함께 고구려에 들어갔다가 고생한 이야기, 해골에 담긴 물을 마시고 깨달음을 얻은 게 아니라 돌방무덤 속에서 이틀 밤을 보내며 깨달았다는 이야기를 들으며 봉화골 산길을 올라가자니 옆으로는 급하게

23) [삶과 문화] 원효 해골 물 사건의 진실과 허상(〈한국일보〉 2020년 1월 2일자) https://www.hankookilbo.com/News/Read/201912311046316027

여울이 흐르고 산길은 점점 가팔라집니다. 그래도 하늘을 덮은 소나무 가지 사이로 불어오는 맑은 솔바람에 더운 줄도 모르고 올라갑니다. 길가에 작은 기와집 한 채가 있는데 여기가 칠불암 암자이고, 암자부터 산 정상까지 가파르게 깎아지른 바위산 위에 칠불암 마애석불이 있습니다.

"이야기를 듣다 보니 칠불암에 다 왔습니다. 여기서 스님이 대안(大安) 스님에게 가르침을 얻으셨다고 들었습니다. 대안 스님은 어떤 분이셨는지요?"

"참으로 멋진 분이셨다오. 대안 스님뿐만 아니라 혜공 스님, 혜숙 스님 같은 분들은 가난하고 오갈 데 없는 백성들에게 불법을 가르치셨소. 탁발하며 시주받은 식량이나 물건은 백성들에게 남김없이 보시하시고 일손이 필요한 일이 생기면 울력에 앞장서셨소. 특히 대안 스님이야말로 이 원효보다 괴짜이신 분이었지. 대안 스님은 여기저기 기워입을 대로 기워입어 괴상해 보이기까지 하는 옷을 입고 항상 저잣거리에서 사셨다오. 그런데 이 대안 스님은 평소에 구리로 만든 밥그릇을 두드리며 '대안(大安), 대안(大安)!'을 외치고 다니셨소. 즉 '크게 편안하라'라고 외치고 다니신 게요. 그래서 법명도 따로 없이 '대안 스님'으로 불렸소. 내가 오랜 전쟁에 갈라질 대로 갈라져 서로 악업을 쌓은 삼국 백성을 위해 화쟁을 이야기한 것처럼, 대안 스님도 오랜 전란으로 심신이 지친 백성들에게 평안한 마음을 주려 사방을 다니며 대안을 외쳤다오. 내 마음이 평안하면 세상이 혼란하고 사바세계에 욕심이 가득해도 흔들리지 아니

하고, 흔들리지 않는 평안한 마음을 가진 이들이 모여 만든 세상이라야 모든 일이 평화롭고 모든 이가 다투고 분쟁하지 않을 것이오."

"크게 평안하라는 대안 스님의 말씀은 제가 사는 이 나라에도 절실합니다. 제가 사는 나라 대한민국은 아까 말씀드린 것처럼 남북을 갈라놓은 쇠바늘 박힌 쇠그물 벽이 아직도 우뚝 서 있습니다. 올해(1999년)는 황해 바다에서 북쪽이 내려보낸 군함과 남쪽 군함이 충돌하기도 했습니다. 그래도 금강산 가는 배는 작년부터 오가고 있습니다. 저도 백두산을 중국 쪽에서 올라가 보기도 했습니다."

"금강산 가는 배가 넘어가는 바다에는 쇠바늘도 쇠그물 벽도 없겠구려. 벽을 넘어서고 다툼을 넘어서고자, 무고히 사람을 죽이고 죽는 일이 없게 하고자 나는 화쟁을 말하였소."

"그런데 남북으로 갈라진 이 땅에서는 스님께서 화랑으로 전쟁터에 나가 싸우실 때처럼 수많은 사람이 죽었고 고향을 떠나 도망쳐 왔습니다. 저도 북쪽에 고향 땅과 부모님과 형제들을 두고 와야 했습니다. 과연 화쟁이라는 게 가능하겠습니까? 화쟁의 뜻을 풀어주시겠습니까?"

"화쟁(和諍)이란 말다툼 곧 논쟁을 화해하여 하나로 만드는 일이기도 하고, 조화로운 논쟁을 만드는 일이기도 하며, 여러 주장을 하나로 모으는 일이기도 하오. 다툼이라는 건 자기 입장만 고수할 때 다툼이 되오. 그러나 다툼을 거듭하는 각자의 입장을 모으면 통할 수 있게 되고, 통할 수 있으면 비록 서로 다르다 하여도 다투지 않을 수 있소. 예를 들어 어느 날 서라벌 하늘은 구름이 잔뜩 끼었는데 대야성 하늘은 맑다면 서라벌 하늘과 대야성 하늘 중 어느 쪽이 진짜겠소? 누가 틀리고 맞는지 판단할 수 있겠소? 나눠 보면 다른 하늘처럼 보이나 실상은 같은 하늘일 뿐이라오.

그리고 공자께서도 '화이부동(和而不同)'을 말씀하셨는데, 군자의 화란 무엇이겠소? 각자의 위치, 상황, 역량의 차이를 인정하되 그럼에도 불구하고 차이를 조화시키는 것이 '화이부동'이 아니겠소? 이곳 남산에 피고 지며 흐드러지는 꽃들이 제각기 다른 색과 향을 가지고 조화를 이루듯이 말이오. 사람과 사람 사이와 '사이'들이 모여 이뤄진 세상에서도 마찬가지요. 자기 색깔과 소리를 잃지 않으면서도 전체와 잘 어우러지는 것이 조화이고, 서로 다른 악기들이 모여 제각기 소리를 내면서도 여러 소리가 한 치 오차도 없이 하나로 합쳐져 하나의 아름다운 음악이 되는 것이 조화요."

"어떻게 해석하더라도 스님이 말씀하시는 화에는 화해와 조화가 함께 들어있다고 보면 되겠습니까?"

"그도 그럴 것이오. 서로 다른 것들처럼 보여도 사실은 서로 이어지고 연관되고 인연의 큰 그물 안에 있는 것이오. 아무리 대립하는 주장들처럼 보여도 그 밑바닥에는 서로 통하는 지점이 있기 마련이오. 내 도반인 의상대사 이야기를 하리다. 의상이 나와 함께 당나라로 구법 길을 떠났다가 나는 무덤에서 깨달아 서라벌로 돌아가고 의상은 당나라로 건너가 화엄종 2대조사 지엄 스님 밑에서 7년을 배우고 귀국해 영주 부석사를 창건하고 신라 화엄종을 세웠소. 의상대사는 유학을 마치고 귀국하기 전에 화엄의 가르침을 210 글자로 정리한 도표를 그렸는데, 이를 〈화엄일승법계도(華嚴一乘法界

圖)〉라고 하오. 화엄의 근본이 담긴 도표지.

"일체 사물의 본성은 두루 걸림이 없어 원융하므로 두 가지 상으로 나눌 수 없고, 모든 사물은 움직임이 없이 본래 고요하다. … 하나 속에 일체의 사물이 있고 일체의 사물 속에 하나가 있다. 하나는 곧 일체요 많음이 곧 하나다. 한 알의 작은 티끌 속에 온 우주가 들어있고 다른 모든 티끌 속에도 이와 마찬가지니 한 순간이 곧 무량겁(無量劫, 무한히 긴 시간)이다."

이렇게 말하오. 의상이 말했듯 우주의 모든 사물은 서로가 서로에게 끝없이 인연이 되어 생겨나고 없어진다오. 어느 하나라도 홀로 있거나 일어나는 일이 없이 모두가 끝없는 시간과 공간 속에서 서로의 원인이 되며, 대립을 초월하여 하나로 융합되어 있소. 이를 일컬어 화엄종에서는 '법계연기(法界緣起)' 혹은 '법계무진연기(法界無盡緣起)'라고 부르오. 법계란 법의 세계 곧 진리의 세계이며 우주 전체지. 법계에서 모든 사물은 서로 무수한 관계를 형성하며 다함이 없이 상대에게 스며드는데, 이를 상즉상입(相卽相入)이라고 말하오.

이러한 법계를 화엄종에서는 네 가지로 나누어 설명한다오. 첫 번째는 우리가 감각으로 감지할 수 있는 현상의 세계이자 미혹의 세계요. 여기서 모든 사물은 제각기 한계를 지니고 대립하고 있는데 이 세계를 사법계(事法界)라고 하오.

두 번째는 이법계(理法界)요. 감각, 현상, 미혹의 세계가 세계의 전부가 아니며 이는 어떤 실체라고 할 수 없음을 깨달아 알아낸 세계이오. 그러나 깨달음의 세계와 감각의 세계를 둘로 나누어 보면 안

되오. 두 세계는 따로따로 노는 별개의 세계가 아니라오. 사법계를 이법계가 관통하며, 이법계가 구체적으로 드러나면 그것이 사법계요. 이법계와 사법계 사이에 아무런 장애 없이 서로 같으며 서로 들어가며 서로를 머금고 있소. 이런 세계가 '이사무애법계(理事无涯法界)"요. 마지막은 '사사무애법계(事事无涯法界)'인데 이법계와 사법계가 이미 서로 같고 서로 들어가는 관계에 있다면 감각의 세계가 곧 깨달음의 세계이며 깨달음의 세계가 곧 감각의 세계임을 뜻하오."

"들어도 알 듯 말 듯 난해합니다. 더 쉽게 말씀해주실 수 있겠습니까?"

"그래서 화엄종의 조사들도 비유를 동원한다오. 깨달음을 어찌 이루 말로 다할 수 있겠소? 궁궐에 황금으로 만든 사자가 있다면 '황금'은 '깨달음'에 비유할 수 있으며 황금을 빚어 머리와 다리와 꼬리를 만들었듯이 깨달음 또한 감각의 세계에 드러난다고 말하겠소. 그리고 이 황금과 머리와 다리와 꼬리는 황금사자 안에 동시에 들어 있는데 그런 의미에서 '이사무애'라는 것이오. 동시에 머리와 다리와 꼬리 등 모든 부분은 똑같이 황금으로 되어 있으니 이 또한 서로 통한다는 점에서 '사사무애'라는 말이오. 아니면 궁궐 방 안의 모든 벽과 바닥과 천장에 거울을 붙이고 방 가운데 부처님 상을 놓은 다음 그 상에 등을 달았다고 생각해 보시오. 그러면 방 안 가득한 거울에 한없이 비치는 수많은 부처님의 모습을 볼 수 있을 것이오. 이것이 바로 상즉상입하는 화엄의 세계를 뜻한다고 비유하겠소.

이는 『화엄경』에 나오는 '인드라망의 비유'와도 통하오. 이 비유에 따르면 인드라(제석천帝釋天)라는 천신의 궁전에는 끝없이 넓은 그물이 있고 그 그물코마다 보석이 달려 있소. 이 보석들은 서로를 비추고 있어서 한 보석이 그 안에 다른 보석들이 비친 모습을 갖고 있으며, 다른 보석들도 다른 보석들의 모습을 품고 있는 그 보석의 상을 받아서 비추는 식으로 한 보석에 모든 보석이, 모든 보석에 한 보석이 비치듯이 "하나 속에 일체의 사물이 있고 일체의 사물 속에 하나가 있다. 하나는 곧 일체요 많음이 곧 하나다"라고 말할 수 있는 무궁무진한 법계가 드러난다는 것이오. 이런 무궁한 깨달음을 얻을 수 있는 경지를 일컬어 해인삼매(海印三昧)라고 부르오. 잔잔한 바다 위에 삼라만상이 도장 찍은 듯 그대로 비치는 것을 볼 수 있다는 뜻이지.

그래도 이해가 어렵다면 우리가 지금 살아가는 감각의 세계, 생사의 세계, 사법계가 그대로 부처가 머물고 드러나는 이법계임을 깨달으라는 뜻이라고 말하겠소. 일체중생과 사물이 변화하고 드러났다 사라지는 무상 속에 영원함이 있으며 영원 속에 변화와 생멸이 또한 있으며, 전체와 부분 또는 부분과 전체가 서로 떨어지지 않고 한 몸임을 깨달아야 하오. 집은 기둥, 지붕, 벽, 창문, 문 등으로 이뤄졌고 이 가운데 하나라도 없으면 집은 집이 되지 못하오. 그러나 집이라는 큰 틀이 없다면 기둥은 기둥대로 지붕은 지붕대로 따로 놀 뿐 다른 무엇이 되지 못하니 집과 부분이 서로 떨어질 수 있겠소?

똑같은 이치로 쌀 한 톨에는 그것을 키워내기까지 작용한 햇빛, 비, 구름, 바람, 천둥, 계절, 땅, 농부의 땀, 농부의 가족, 농기구, 농기구를 만든 쇠붙이, 쇠를 캐낸 일꾼, 거름, 거름을 만든 똥오

줌… 이런 식으로 수많은 인연이 담겨 있으니 곧 쌀 한 톨에도 온 우주가 담겨 있는 셈이오. 쌀 아닌 모든 것이 쌀 하나에도 담겨 있으니 곧 일체의 사물이 쌀 하나 안에서도 무수한 연기의 작용을 맺고 있음을 깨달아야 하오. 그래서 "하나가 곧 전부, 전부가 곧 하나[一卽多, 多卽一]"이니 이것이 화엄이고 내가 말하는 화쟁과 통하는 뜻이기도 하오."

"화라는 말에서 출발해 화엄의 뜻까지 풀어주시니 비빔밥이라는 음식이 생각납니다. 온갖 나물과 채소와 달걀과 고소한 참기름에 매운 고추장까지 서로 다른 재료들을 하나로 비비고 뒤섞어 재료의 모습은 해치지 않으면서도 새로운 맛을 만드는 음식입니다. 고추장이라는 건 처음 들으셨을 텐데 바다 건너에서 400년 전쯤 전해진 고추라는 매운 채소로 만드는 장입니다."

"불가에서는 오신채(五辛菜)를 먹지 않으나 나는 중생과 차별을 두지 않으려 무엇이든 먹고 마셨으니 그 고추장이라는 장도 맛있겠구려. 내 생전에 음식을 먹으면서 매운맛은 몰랐으니 말이오. 게다가 여러 재료가 하나로 뒤섞이는데 재료의 모습을 지키면서도 새로운 맛이 생겨난다니 그것참 말 그대로 화쟁이구려. 비빔밥이 아니라 화쟁반(和諍飯)이나 화엄반(華嚴飯)이라고 불러도 좋겠소. 허허허. 그 비빔밥 만드는 일처럼 논쟁들을 모으되 각자의 특성을 살리면서 소통하고 새로이 통하게 하는 게 화쟁 아니겠소? 아까 말한 『십문화쟁론(十門和諍論)』이란 글은 온갖 교파, 학파의 논쟁을 화쟁하기 위해 쓴 글이오. 석가모니 부처님께서 살아계실 때는 직접 물어볼 수 있었으나, 부처님께서 열반하신 다음에는 부처님이 남긴 말에서 답을 얻어야 했소. 그런데 부처님 말씀을 각자 해석하면서 "내가 옳고 남은 틀리다, 이쪽은 옳고 저쪽은 틀렸다"는 식으로 무수히 분열하였소. 수많은 경전이 생기고 교파가 생기는데 교파마다 각자 의지하는 경전도 다르오. 화엄종에서는 『화엄경』, 법화종에서는 『묘법연화경』, 열반종에서는 『열반경』, 정토종에서는 『무량수경』 등 여러 경전이 이른바 소의경전(所義經典)이 되오. 하지만 쪽과 남색이 하나이듯, 물과 얼음이 달라보여도 같듯이 부처님의 말씀을 해석하면 무수히 많은 주장이 나와도 되돌리면 한 말씀, 한마음[일심(一心)]으로 돌아간다고 하겠소."

"제가 비문해서 들은 바가 적습니다. 하지만 스님의 가르침에 신라 화백회의의 전통이 담겨 있다는 이야기도 들었는데 한 말씀 해 주시겠습니까?"

"달리 생각한 건 아닌데 처사의 말씀을 듣자니 그럴 수도 있겠소. 우리 신라의 화백회의란 중대한 나랏일을 놓고 회의에 참석한 모두의 뜻을 널리 수렴하여 만장일치로 결정하는 회의였소. 이 회의에서는 모두의 뜻과 생각을 고르게 반영하고, 갈 데까지 가는 식으로 서로 뜻을 대립하지 않고 두루 평탄하게 만들고, 타협하고 양보하여 어울리며, 하고 싶은 말이 많이 있어도 말할 기회나 순서를 혼자 독점하지 않았소. 그러니 자기 의견을 집착하지 않고 모두의 의견을 고루 내어 두루 아울러 한 마음으로 만드는 회의가 되고, 의견의 차이를 상쇄하여 모두가 받아들이고 이해할 수 있는 조화와 통일에 이르는 회의가 될 수 있었소. 이야말로 내가 『이장의』나 『열반종요』라는 글에서 말한 바와 같소.

"모든 법문이 이치가 있고, 이치가 있으니 허락되지 않음이 없고, 허락되지 않음이 없으니 통하지 않음이 없다."24)

"뭇 경전의 부분을 통합하여 온전히 한 맛으로 돌아가게 하고, 부처님 뜻의 지극히 공변됨을 열어 다양한 학파의 다른 주장들을 어울리게 한다."25)

처사의 말씀을 들어보니 진짜 우리 신라의 전통이 화쟁과도 이어지는구려. 내 안계를 넓혔소이다. 하하하."

"그렇다면 한마음[일심(一心)]은 무엇이온지요?"

"먼저 '같음[同]'과 '다름[異]'도 화쟁할 수 있다는 이야기를 들려주겠소. 나는 "같다고 할 수 없는 것은 '같으면서 다르기' 때문이고[不能同者, 卽同而異也], 다르다고 할 수 없는 것은 '다르면서 같기' 때문이다[不能異者, 卽異而同也]"라고 『금강삼매경론』에서 말했소. 이는 어느 두 개가 완전히 다른 것도, 완전히 같은 것도 없기 때문이오. '같음' 속에는 '다름'이, '다름' 속에는 '같음'이 들어있기에 그러하오. 음과 양은 서로 다르나 음 안에는 양이, 양 속에는 음이 들어있는 것과 같소."

"그렇게 말씀하시니 남자와 여자에 빗댈 수도 있겠습니다. 남자와 여자는 '같은' 인간이지만 그 안에는 성별이라는 '다름'이 들어있습니다. 그런데 스님이 입적하시고 1300년이 넘게 지난 오늘날

24) 원효, 은정희 옮김, 『이장의』(서울: 소명출판, 2004), 260~261쪽.
25) 원효, 『열반종요(涅槃宗要)』, 이상 김원명, 위의 책, 32쪽 재인용.

에는 학자들이 인간 안에 있으면서 성별을 구별해주고 서로의 차이를 만들어주는 DNA라는 걸 발견했는데, 다른 성별 안에도 DNA'의 '같음'이 있다고 합니다. 남자와 여자는 거의 같은데 DNA의 작은 차이로 성별이 달라진다고 하더군요."

"처사가 사는 세상에서는 같음 안에 다름이 있고 다름 속에 같음이 있다는 말을 그렇게 표현할 수 있다니 신기한 이야기구려. 다시 말하자면 갑과 을이 같다는 말은 둘 사이에서 같은 점들만 골라낸 결과일 뿐이고, 갑과 을이 다르다는 말 역시 둘 사이에서 다른 점들만 골라낸 결과일 뿐이오. 그래서 나는 "같음이란 다른 것들 가운데 같은 것을 가려내는 것[同者, 辨同於異], 다름은 같은 것들 가운데 다른 것을 밝히 드러내는 것[異者, 明而於同]"이라고 말했소. '같음'을 말하려면 '다름'이 있어야 하고 '다름'을 말하려면 '같음'이 있어야 하오. 다르다고 해서 모두 다 다른 게 아니고 같다고 해서 모두 다 같은 게 아니오. '같은 것들 가운데 다른 것을 드러낸다' 함은 '같은 것들을 쪼개서 다르다고 하는' 게 아니오. 억지로 다르게 만드는 것이 아니라는 말이오.

그리고 '다른 것들 가운데 같은 것을 가려낸다' 함 역시 서로 다른 것들을 억지로 똑같게 만들어버리는 게 아니오. '같다, 다르다'는 결국 우리의 언어가 가진 한계일 뿐이오. '같음' 속에는 '다름'이, '다름' 속에는 '같음'이 들어있기 때문에, 갑과 을이 같다 해도 둘 사이에는 다름이 있고 갑과 을이 다르다 해도 둘 사이에는 같음이 있소. 둘은 결국 별개가 아닌[불이(不二)] 것이오.

이처럼 같음과 다름이라는 서로 달라 보이는 말이 사실은 서로 연관되어 있고 언어의 한계에 묶여 있을 뿐이오. 그걸 깨닫지 못하니 어느 한쪽에만 집착하게 되오. 그런 모든 집착과 대립을 해소하는 근원이 바로 한마음[일심(一心)]이오. '깨끗함과 더러움, 참과 거짓, 너와 나, 부처와 중생, 속세와 해탈…' 이와 같은 일체의 대립을 넘어서는 것이 한마음이고 일심이오. 일심으로 돌아가면 분별과 집착과 대립을 벗어난 해탈에 이르게 되며, 서로 다름을 인정하고 다름을 존중하고 길러주는 화해의 세계에 이르게 될 것이오.

일심으로 돌아가면 나는 속세와 해탈이 다르지 않고 부처와 중생이 다르지 않다는 깨달음에 이르게 되자 거리낄 것 없이 무애(無碍)를 외치며 서라벌 한복판을 돌아다녔고 신라 땅을 돌아다녔소. 화랑 시절 검술을 수련하러 왔던 남산에도 다시 와 수행했소. 그때 대안 스님을 만났고 이 칠불암에서 함께 지내며 가르침을 얻었소."

"스님의 말씀을 들어보니 서라벌도 남산도 별개가 아니라는 생각을 하게 됩니다. 남산은 서라벌을 지키는 산이자 서라벌이라는 속세 옆에서 해탈의 길을 열어주는 산이었나 봅니다. 스님 가신 다음에도 남산에는 저 칠불암 바위에 새겨 놓은 세 분 부처님을 위시해 바위마다 부처님을 새기거나 세웠습니다. 봉우리마다 탑을 세우고 빈터마다 절을 세웠지요. 이 모두 속세의 번뇌에서 벗어나 해탈을 얻으려는 원을 세웠기 때문입니다. 그러나 스님 말씀대로 해탈도 속세도 별개가 아니고 중생과 부처가 다르지 않다면 서라벌도 남산도 그러하지 않겠습니까? 해탈의 길을 찾으러 남산에 온 이들을 속세의 기준으로 구분할 수 있겠습니까? 그래서인지 신라 백성의 얼굴과 삶을 닮은 소박한 불상에서부터 불국토의 이상을 담은 정묘하기 짝이 없는 불상들까지 모두 남산 속에 담겨 있구나 싶습니다. 성(聖)과 속(俗)이나 부귀(富貴)와 빈천(貧賤)과 같은 속세의 온갖 구별이 스님 부르신 노래대로 무애하게 하나가 됩니다. 어찌 남산과 서라벌이 별개라고 하겠습니까?"

"처사의 말이 맞소! 처사께서는 불법을 배우셨소?"

"불법을 따로 배운 바는 없습니다. 제 아내가 신심이 깊어 저와 함께 남산을 골골이 다니며 부처님과 탑들을 답사하느라 고생했습니다. 저는 고향 땅 주을을 떠난 뒤 이곳 서라벌을 두 번째 고향으로 삼고 살아왔습니다. 여기서 흙을 빚어 인형을 만들어 팔고, 어린 학생들에게 미술도 가르치고, 뜻을 같이하는 분들과 모여 신라의 문화를 배우고 익히며 살았지요. 그러다 보니 남산이야말로 제가 찾던 우리나라의 얼굴이 담긴 산이구나 싶었습니다. 환갑을 맞기 1년 전에 남산을 골골이 샅샅이 내 발로 다녀보고 부처님과 탑들을 살펴보아 글을 써서 책을 내겠다고 원을 세우고 그때부터 600번은 족히 다녔던 것 같습니다. 남산을 다닌 세월이 쌓이니 남산 곳곳에서 만난 부처님들 얼굴에서 신라 사람들의 얼굴이 보이고, 얼굴이란 '얼 꼴'이라는 어느 분의 말씀대로 얼굴에 담긴 신라 사람들의 얼이 보였습니다. 그 얼이 만들어지기까지 부처님의 공덕이 얼마나 컸을지 짐작이라도 하게 되었고, 그래서 이렇게 스님 같은 분 앞에서 번데기 주름 잡듯 아는 척이라도 할 수 있을 뿐입니다. 어찌 스님에 비하겠습니까?"

"깨달음에 이르는 길이 하나만이겠소? 처사는 이미 근기(根機)가 높구려."

스님과 대화하며 올라가는 길은 암자 뒤 141개 돌계단을 밟으며 올라가는 길입니다. 평소에 오를 때면 그리도 숨 가쁘게 올라가던 길이었는데, 꿈속인 데다 원효 스님과 주거니받거니 이야기하며 올라가니 금방입니다. 하늘에 닿을 듯 드높이 솟아오른 커다란 바위에 삼존불(三尊佛), 세 분 부처님을 새겨 놓았습니다. 삼존불 옆 동쪽으로 조금 간격을 두고 솟은 바위에는 네 면마다 부처님 한 분씩을 새겨 놓았으니 모두 칠불 곧 일곱 분 부처님입니다.

"저 일곱 부처님을 보시지요. 크기로나 만든 솜씨로나 이곳 남산에서 가장 으뜸가는 부처님 상이 아닐까 합니다. 저 부처님들은 스님께서 활동하시던 시절에는 없었을 겁니다. 보기 어떠신지요?"

"이곳에서 대안 스님과 수행할 때는 그저 심산유곡 바위산이었는데, 여기를 부처님이 사는 곳으로 보아 절을 세우고 바위를 쪼아 대불을 세웠구려. 바위 전체만이 아니라 이 남산 전체가 이 부처님을 모시는 불국(佛國)의 정원이라 하겠소. 넓은 연꽃 위에 가부좌를 트시고 당당하게 앉으셨고 손을 맺으신 모습을 보아하니 항마촉지인(降魔觸地印)이고, 위엄있게 펴신 어깨에 멀리 힘있게 내다보시는 눈매가 온갖 마군들을 항복시킬 기세요. 처사 말대로 으뜸이라기에 모자람이 없어 보이오. 그런데 저 코에는 뭘 붙여 놓은 것이오?"

"시멘트라고 하는 회를 발라서 붙여 놓은 것입니다. 옛 백제 금마저 땅에 있던 미륵사라는 큰 절이 있음을 아실 겁니다. 그 절에 세웠던 석탑도 세월에 무너져 절반도 채 남지 않자 역시 시멘트를 발라 억지로 세워놓았습니다.[26] 제 모습대로 돌려놓지 못할 바에는 차라리 부서진 채로 두는 게 옳았을 텐데요."

"나도 그리 생각하오. 남산에 많은 부처님과 탑들이 세워졌으나 제 모습대로 남아 있는 게 얼마나 되겠소? 그러나 한 가지 모습만으로 영원불멸하리라고 믿고 집착한다면 그 또한 번뇌와 망상을 부르고 망동을 일으킬 뿐이오. 깨지고 무너지고 사라지는 게 차라리 당연한 일인데 그걸 억지로 만들어놓았으니 소뿔을 뽑으려다

26) 미륵사지 석탑(국보)은 2001년부터 2019년까지 시멘트를 걷어내고 탑을 완전히 해체한 뒤 다시 쌓아 올리는 대공사를 거쳐 부분적으로 복원하였습니다.

소를 잡은 격이오."

스님과 함께 바라보는 칠불암 본존여래 부처님은 깨어진 코에 억지로 시멘트를 발라 볼썽사나울지언정, 4.26m 높이의 바위 한 면에 꽉 차도록 거의 환조(丸彫)에 가까운 돋을새김[부조(浮彫)]으로 새겨진 본존여래 부처님은 여전히 위엄을 떨치고 계십니다. 하지만 위엄만 서려 있지는 않습니다. 둥글고 큰 머리 위에는 큼직한 육계(肉髻, 부처님 정수리의 혹)가 솟아 있고 굳게 다문 얇은 입술은 양쪽에 힘을 주어 엄격함을 보이는데, 입술이 놓인 얼굴은 사각형에 가까우며 풍성히 부풀어 있는 데다 곡선으로 처리된 얼굴에는 자비로운 표정이 보입니다. 즉, 부풀고 두껍게 처리한 눈두덩, 쌍꺼풀진 오른쪽 눈, 부드러우면서도 양감 있게 처리한 코, 세련된 입, 어깨까지 닿은 긴 귀까지 자비롭고 원만하면서도 강하고 장엄한 모습을 보입니다.

목에는 삼도(三道, 세 줄 주름)가 없으며, 어깨는 넓고 강건하여 건장한 가슴, 가는 허리와 더불어 당당하며 박진감 넘치는 모습이 잘 표현되어 있습니다. 수인(手印)은 항마촉지인(降魔觸地印)으로 두 손이 유난히 큼직합니다. 법의는 우견편단(右肩偏袒, 오른쪽 어깨를 드러낸 채, 법의(法衣)를 왼쪽 어깨에서 오른쪽 겨드랑이로 걸치는 방식)인데 상체의 옷 주름은 곡선적인 계단식 주름이며, 옷깃이 반전(反轉)되었습니다. 하체의 옷 주름은 큼직한 선으로 처리되었는데, 두 다리 밑으로 흘러내린 옷자락은 규칙적인 지그재그 무늬를 이룹니다.

대좌는 위로 향한 연꽃잎과 아래로 향한 연꽃잎의 이중 연화좌입니다. 신라의 불상 대좌는 복련대(伏蓮臺)와 앙련대(仰蓮臺) 사이에 팔각 중대석이 놓이는데, 여기서는 중대석 없이 복련대 위에 앙련대에 놓여 있습니다. 단판칠엽(單瓣七葉)은 잎들 사이의 잎에 중간선을 그은 특이한 형태로서, 9세기에 나타나는 독특한 연화 무늬의 조형(祖形)으로 주목됩니다. 부처님 머리 뒤에서 비치는 후광(後光)을 조각한 장식을 광배(光背)라고 하는데, 칠불암 본존여래의 광배는 보주형(寶珠形)의 소박한 무늬를 두드러지게 표현합니다.

칠불암 부처님에 대해 어떤 이들은 항마촉지인을 보고 아미타여래라고 추정하는데, 이는 앞에 있는 사방불 서면에 이미 아미타여래가 새겨져 칠불암 부처님을 마주보고 있으니 이치에 맞지 않습니다. 오히려 사방불은 그 자체로 빛깔도 형상도 없는 우주 전체의 참모습인 진여(眞如)의 부처님인 비로자나여래를 형상화한 것이며, 여래 자체인 법의 빛으로 인해 사방에 불국정토가 나타나며, 그 비로자나여래의 분신이신 석가여래 부처님을 새긴 불상이 바로 칠불암 부처님이십니다. 석가여래께서는 우리 인간이 모두 불성(佛性)을 지니고 있음을 깨우쳐 주시기 위해 인간으로 태어나시어 고행을 거쳐 성불하셨고, 부처가 되는 길 즉 깨달음에 이르는 길을 몸소 가르쳐주시며 중생을 제도하신 부처님이시니 크고 장엄하게 삼존으로 모신 것입니다.

협시보살은 본존여래 부처님 양쪽에 서서 부처님의 뜻을 받들고 중생들을 깨우치는 보살을 뜻합니다. 왼쪽 보살은 큰 연꽃 대좌에 서서 오른손으로는 연꽃을 들고 있고 왼손은 아래로 내려 옷자락을 살며시 들었습니다. 연꽃을 든 것은 흙탕물 속에서도 썩지 않

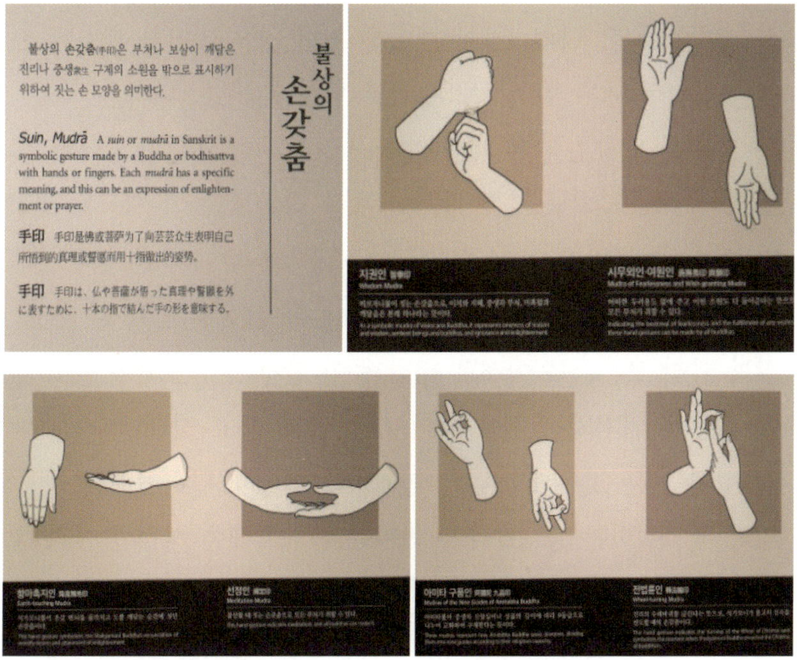

국립중앙박물관에서 보여주는 불상의 손갖춤[수인(手印)]

고 아름다운 꽃을 피우는 연꽃처럼 속세에 살되 속세에 물들지 아니하고 중생들을 제도하겠다는 뜻이기도 하며, 부처님이 연꽃 한 송이를 가만히 들어보았을 때 수제자 마하가섭이 그 뜻을 알고 염화미소를 지었다는 전설과도 닿아 있습니다. 둥글게 살이 붙은 얼굴을 부처님 쪽으로 약간 비틀어 부처님을 향해 시선을 집중하는 모습입니다. 머리에는 삼면두식(三面頭飾, 세 얼굴 모양으로 꾸민 장식)으로 꾸민 보관을 썼습니다. 어깨에는 수발(垂髮)을 드리웠고 목에는 목걸이를 걸었으며 왼쪽 어깨에는 승기지(僧祇支)로 불리는 옷주름이 부챗살처럼 아래로 비스듬히 퍼지며 가슴을 가립니다. 허리를 감싸는 끈을 나비날개로 매듭을 짓고 남은 자락은 밑으로 드리웠습니다. 팔에는 화려하게 장식된 팔찌를 끼었습니다.

오른쪽 보살도 왼쪽 보살과 똑같은 모습에 비슷한 양식을 하고 있으며 역시 부처님 쪽을 향하여 몸을 약간 비틀어 시선을 고정하고 있습니다. 다만 들고 있는 손이나 발의 방향이 왼쪽과 반대로 하여 대칭인 점이 다를 뿐입니다. 오른쪽 보살은 꽃을 든 왼쪽 보살과 달리 오른손을 아래로 내려 물이 담긴 정병(淨甁)을 들고 있으며 왼손은 엄지와 중지를 대어 가슴 앞에 들고 있습니다. 물이 담긴 정병을 든 것은 불꽃같은 번뇌와 고생에 시달리며 깨달음에 목말라 괴로워하는 중생들에게 목마름을 해소해줄 시원한 물과 같은 법을 전하여 그들을 괴로움에서 벗어나게 하겠다는 약속입니다. 손가락을 대어 가슴 앞에 든 것은 부처님의 뜻을 중생들에게 설법하

는 모습입니다.

칠불암의 협시보살들은 다리길이가 짧은 데 비해 가슴은 넓고 긴데, 이는 백제 말기(7세기 중후반)의 보살들을 닮은 모습입니다. 이는 신라가 삼국을 통일하고 난 뒤인 8세기 중엽의 보살들이 가슴이 짧아지고 다리가 길어져 날씬해지는 모습과는 다릅니다. 그리고 이 보살들은 얼핏 보면 둥글고 부드러운 석굴암의 보살상들보다는 딱딱하고 경직되어 보입니다. 그러나 앞선 삼국시대의 불보살들보다는 부드럽고 움직임 있게 보이려 직선이 아닌 곡선을 그리려 했던 노력 또한 보입니다. 삼국시대의 불보살들은 6세기 후반 중국 남북조시대(南北朝時代) 동안 북방에 세워진 왕조들의 영향을 받아 직선적인 힘을 강하게 품은 모습입니다. 반면 이 칠불암의 불보살들은 곡선으로 부드럽게 표현되는 당나라 불상의 모습을 받아들이려는 과도기적인 형태를 띱니다. 그렇다면 칠불암에 새겨진 부처님과 협시보살 역시 7세기 말엽에서 통일 초기라고 보아야 하겠으며, 석굴암 불보살들의 자유로우면서도 부드러운 표현들은 칠불암 불보살들을 조성한 선배 조각가들의 작업을 밑바탕으로 삼았다고 하겠습니다.

칠불암 부처님 앞 사방불은 불국정토를 대표하는 부처님들입니다. 동면 여래상은 연꽃 위에 가부좌를 틀고 앉아 왼손에 약 그릇을 들어 무릎 위에 놓고 오른손은 칠불암 부처님 오른쪽 협시보살처럼 엄지와 둘째손가락을 대어 가슴 앞에 들었는데 이는 설법을 뜻하는 설법인입니다. 부처님과 보살님처럼 사면불 동면 여래님도 살결이 풍성하고 머리에는 솟아오른 육계가 덩실합니다. 두 귀는 크게 드러났고 가사깃 사이에 옷 주름(승기지)이 비스듬히 보이고 옷끈 매듭도 부챗살 모양으로 조금 드러나 있습니다. 무릎을 덮고 흘러내린 옷자락은 연꽃 위를 물결치듯 덮었습니다. 머리 뒤 빛 즉 두광은 보주형으로 무늬 없이 크게 나타났습니다. 약 그릇을 들고 있음은 이 부처님이 약사여래임을 뜻합니다. 약사여래 부처님은 동방의 정유리세계에 있으면서 모든 중생의 질병을 치료하고 재앙을 소멸시키고 깨달음을 얻게 하는 부처이십니다. 과거세에 약왕이라는 이름의 보살로 수행하면서 중생의 아픔과 슬픔을 소멸시키고자 12가지 큰 서원[대원(大願)]을 세워 그 공덕으로 부처가 되었는데, 이 대원 속에는 중생의 병고를 구제하는 일만이 아니라 의식주 문제와 파계・범법자 구제도 포함돼 있답니다.

서쪽 여래상은 몸체만 돋을새김[부조(浮彫)]하였고 연화대는 선으로 새겼습니다[선각(線刻)]. 이 분도 연꽃 대좌 위에 가부좌를 틀고 앉아 오른손으로 설법인을 짓고 왼손 역시 셋째, 넷째, 다섯째 손가락을 엄지와 마주 대어 배 앞에 들어 설법인을 지었습니다. 다른 부처님들처럼 풍성한 얼굴에 입은 곱게 다물었고 눈을 아래로 조용히 뜬 모습입니다. 서쪽은 불가에서 서방정토 극락세계를 상징하니 이분은 아미타불이십니다.

*** 아미타불 이야기**

우리들 중생이 사는 세계는 석존이 활동한 세계, 석가모니 부처님의 국토입니다. 중생의 세계 너머에는 수많은 부처들이 활동하는 또 다른 세계들이 있습니다. 예를 들어 서방 극락정토가 있으며,

여기서 활동하며 모든 중생들을 구제하려는 원을 세운 부처인 아미타불이 있습니다. 또한 미륵보살의 도솔천정토, 약사여래의 유리광정토, 아촉불의 동방정토가 있다고 합니다. 이 각각의 정토들은 부처가 되기 위하여 세우는 서원의 힘 즉 원력에 의해 성취된 것입니다. 이 서원에는 자신의 깨달음뿐만 아니라 남까지도 깨달음으로 인도하겠다는 보살행의 염원이 들어 있습니다.

특히 정토사상에서는 서방정토의 아미타불의 가피 – 도우심으로 말미암아 모든 중생은 아미타불의 이름을 염불하는 것만으로도 구원에 이를 수 있다고 말합니다. 『무량수경』에 따르면 옛날 어느 왕이 출가하여 법장(法藏)이라는 비구가 되었는데, 이 비구는 세상에서 고통 받는 모든 이들을 구제하기 위해 서방정토를 세우고 서원을 했다고 합니다. 보살이 되기 위해서는 1) 진리를 들음, 2) 보리심을 냄, 3) 서원, 4) 수기, 5) 육바라밀(십바라밀), 6) 십지(十地)의 여섯 가지 길이 있습니다. 법장 역시 보살도를 따라 48가지를 서원했습니다. 그 가운데 18번째 서원은 누구든 믿음을 가지고 지극정성을 담아 자기 이름을 10번만 부르면 이들 모두를 서방정토에 태어나게 하겠다는 서원이었습니다. 이 서원을 세운 법장은 마침내 성불했는데, 이 부처가 바로 아미타불(阿彌陀佛)이란 것입니다. '아미타'란 산스크리트어 Amitābha 혹은 Amitāyus의 음역으로 각각 '무한한 빛(=지혜)'과 '무한한 목숨(=자비)'이란 뜻입니다. 그래서 의역으로는 무량광(無量光), 무량수(無量壽)라고 하는데, 이는 아미타불의 지혜와 자비가 온 우주에 가득함을 뜻합니다.

이제 불자들이 할 일은 이른바 염불(念佛)을 통한 극락왕생(極樂往

生)입니다. 성불하는 길은 복잡한 교리나 사상에 있지 않으며, 오직 믿음을 바탕으로 한 '나무아미타불 관세음보살' 염불뿐입니다. 이처럼 간단하기에 정토사상은 이행도(易行道) 즉 난행도(難行道)와 반대되는 쉬운 길로도 불립니다. 탐진치의 삼독이 가득한 말법세상에서 깨달음을 얻기란 어려운 일입니다. 그러나 아미타불이 세운 서원의 힘 즉 원력을 믿는다면 이를 끊임없이 염불하며 마음에 새기게 되고, 아미타불의 무한한 빛과 지혜, 생명과 자비가 삶 속으로 들어오게 됩니다. 그래서 염불에는 아미타불의 자비와 공덕에 힘입어 이 혼탁한 세상에서 만나는 고통, 죄, 유혹이 없는 안락한 극락 - 모든 즐거움과 아름다움이 갖춰져 있으며 석가모니 부처님이 직접 설하는 진리의 말씀을 언제 어디서나 들을 수 있는 극락에 왕생하여 거기서 성불에까지 이르고자 하는 염원이 담겨 있습니다. 보살이란 아미타불의 원력을 믿고 보살도를 행하여 불국토를 건설하는 사람입니다. 아미타불은 모든 중생이 성불하지 않는다면 자기도 성불하지 않겠다고 원력을 세우고 마침내 성불한 존재입니다. 그가 이미 성불했다면 우리 중생들 역시 이미 모두 성불한 것입니다. 이를 굳게 믿으며 아미타불을 의지하고 그의 원력을 나의 원력으로 삼으며 산다면 누구나 구제에 이를 수 있다는 것입니다.

이것이 정토삼부경(淨土三部經)으로 불리는 『아미타경』, 『무량수경』, 『관무량수경』이란 세 경전과 정토사상의 요지입니다. 이처럼 아미타불의 원력을 의지하여 극락에 이를 수 있다는 정토사상의 주장은 분명 "법을 의지하고 자신을 의지하라[法燈明自燈明]"는 석가모니 부처님의 가르침과는 다른 길입니다. 스스로 수행하여 해탈에 이르는 자력불교와는 다르기에 타력(他力)불교라고도 부릅니다. 이처럼 염불 하나에 구원과 해탈이 모두 이뤄질 수 있다는 정토사상의 가르침을 기복신앙이나 저급한 믿음이라고만 볼 수는 없습니다. 아기가 배밀이를 거쳐 기어 다니고, 기어 다니다 걸음마를 하고 똑바로 서서 걷고 뛰게 되는 것처럼, 구체적인 삶의 문제에서 출발해 깊은 성스러움의 세계에 이르기까지 신앙에도 단계가 있을 뿐입니다. 다만 어느 단계에만 고착해 발전할 줄 모르는 상태에만 떨어지지 않으면 됩니다.

중요한 점은 자력과 타력 중 단지 어느 한쪽만을 통해 해탈에 이르는 게 아니란 것입니다. 자력 수행을 말하는 불교에서도 수행자의 노력과 외부의 도움이 어우러져야 해탈에 이를 수 있다고 말합니다. 달걀 속 병아리가 깨어날 때는 안에서 부리로 껍데기를 쫀다고 하는데 이를 '줄(啐)'이라 부르고, 어미 닭도 밖에서 껍데기를 쪼는데 이는 '탁(啄)'이라 부릅니다. 줄과 탁이 동시(同時)에 이뤄져야 병아리가 껍데기를 깨고 나올 수 있다 하여 줄탁동시(啐啄同時)라 합니다. 깨달음에도 자력과 타력 모두가 필요한 법입니다.

정토사상의 염불 역시 타력에 대한 호소만을 뜻하지 않습니다. '나무아미타불'에서 '나무'란 귀의하는 마음 즉 보리심을 일으키는 중생의 자발성이며, '아미타불'이란 중생을 구제하는 타력입니다. '나무아미타불'이란 염불 하나에도 자력과 타력이 한데 어우러지며 연합을 이룹니다. 나아가 공사상을 염두에 둔다면 자력과 타력, 정토와 사바세계라는 이분법도 적용할 수 없게 됩니다. 대승불교의 보살도는 자신을 위한 것이 곧 타인을 위한 것이라는 자리이타(自利

利他), 자기와 타인이 별개가 아니라는 자타불이(自他不二)를 말합니다. 여기에는 이분법적인 사고를 거부하는 공사상이 깔려 있지요. 아미타불과 중생을 구분하지 않는다면 아미타불의 서원과 공덕 또한 곧 중생의 서원과 공덕일 것입니다. 아미타불의 서원이 자기 서원이며, 정토가 곧 사바이며 사바가 곧 정토임을 깨달은 이는 사바에서 정토를 누리며 또한 사바를 정토로 만들어가는 사람입니다.

이를 생각하면 염불의 의미도 단순한 타력신앙에 그치지 않습니다. 염불은 사바세계 너머 정토로 가려는 마음을 내는 일일 뿐 아니라, 아미타불의 무한한 빛과 자비를 사바세계에 비추는 일인 것입니다. 불교에서 말하는 정토란 천국 같은 내세가 아니며, 아미타불도 내세에서 기다리는 존재가 결코 아닙니다. 정토가 어떤 내세가 아니라는 점은 정토가 인간이 지향할 최종적인 목표가 아니라는 사실로 이어집니다. 정토는 모든 조건이 열반을 이루기에 가장 좋은 상태입니다. 그러나 정토는 극락왕생하며 머물러야 하는 곳이 아니라 해탈을 향한 디딤돌이 되어야 하는 곳입니다.

남쪽 여래상은 서쪽 아미타여래의 모습처럼 연꽃 위에 결가부좌했습니다. 발은 옷자락 속에 감춰져 보이지 않습니다. 깊게 돋을새김한 풍성한 얼굴, 삭발한 머리에 풍성한 육계에 무늬 없는 보주형 두광까지 모두 다른 부처님들을 닮았습니다. 조금 치켜 올라간 눈 끝에 두 겹 주름 잡힌 목, 가사깃 사이로 승기지가 보이고 군삼을 동여맨 끈은 앞에서 매듭을 지었고, 남은 자락은 두 줄로 드리웠습니다. 무릎을 덮고 흘러내린 옷자락이 대좌 위에 곱게 물결치듯 덮여 있는데 이는 남북조시대 북위의 양식인 상현좌(裳懸座)의 흔적이라고 합니다.

마지막 북쪽 여래상은 가장 좁은 면에 조그맣게 조각되어 있습니다. 두 겹 연꽃 위 설법인을 하고 결가부좌하고 머리 뒤에 두광이 비치는 모습은 다른 부처님들을 닮았지만, 무릎 너비에 비해 키가 아주 작고 얼굴에는 양감이 없어 홀쭉하고 수척해 보이기까지 합니다. 경전대로라면 남쪽 여래상은 보생여래(寶生如來), 북쪽 여래상은 불공성취여래(不空成就如來)라고 합니다. 불공성취여래란 일체 중생의 번뇌를 없애고 구제하기 위한 모든 대원을 성취하고 헛되지 않은 공덕을 쌓았다고 하여 붙은 이름입니다. 행할 바를 수행하여 완성한다는 성소작지成所作智의 지혜를 보여주는 부처님으로, 성취에 대한 끊임없는 노력으로 모든 중생을 하나도 빠짐없이 포용하는 분입니다. 모든 중생이 겪는 괴로움에는 병들고 수척해지는 모습도 포함되니 북쪽 여래상이 다른 분들보다 작고 수척해 보이는 건 이 부처님이 중생들의 괴로움까지도 포용하시기 때문이구나 싶습니다.

"처사의 말대로라면 저 부처님과 보살들은 내가 입적하기 전에 새기기 시작했을 수도 있겠구려. 물론 그때 나는 신라 천하를 돌아다니며 〈무애가(無㝵歌)〉를 부르고 광대놀음을 하며 불법을 전하고 있었겠지만 말이오. 대안 스님이 구리 바리때를 두들기며 크게 평안하라고 외치고 다니셨듯이 그렇게. 어느 날 한 광대가 이상한 모양을 한 큰 표주박을 가지고 춤추는 놀이를 구경하고는 깨달은 바가 있어, 광대와 같은 복장을 하고 불교의 이치를 노래로 지어 저자에 유포시킴으로써 부처님의 가르침이 일반 대중에까지 알려지도록 하였소. 그 노래의 줄거리는 『화엄경』의 이치를 담은 것으로 "모든 것에 거리낌이 없는 사람이라야 생사의 편안함을 얻나니라"라는 누구나 쉽게 알아들을 수 있는 노랫가락인데, 그 노래를 부르며 다녔지.

남들 보기에는 내가 미친 사람으로 보였을 것이오. 이름 높다는 스님이 갑자기 자기를 스스로 소성거사(小姓居士)라고 부르고 다니고. 거사(居士)들이나 거지들, 도적들과도 어울려 술집이나 기생집에도 드나드는 것처럼 이해할 수 없는 말과 행동을 하고 다녔으니까. 앞선 혜숙, 혜공, 대안 스님도 그렇게 하셨지만. 금빛 칼과 쇠 지팡이를 가지고 다니며 글을 새기기도 하고, 혹은 『화엄경』에 대한 주소(註疏)를 지어 대중들 앞에 나가 강의하기도 하였소. 어떤 때에는 가야금과 같은 악기를 들고 사당(祠堂)에 가서 연주하며 대중들과 함께 음악을 즐기기도 하였소. 또 여염집에서 유숙하기도 하고, 명산대천을 찾아 좌선(坐禪)하기도 하며 뜻대로 기회가 닿는 대로 여기저기 떠다니며 살아가면서 틀에 박힌 삶을 내려놓았소. 속세와 깨달음의 세계가 둘이 아니며 부처와 중생이 다르지 않다면 깨달음을 전하고 중생을 제도하는 길도 하나만이 아닐 것이기에 그리 하였소.

받았던 밥상을 내동댕이치고 사람을 구하러 달려간 적도 있었는데, 주나라 문왕은 귀한 손님을 만날 때 입안에 든 것도 뱉고 달려갔다고 하오. 그렇다면 받았던 밥상을 내동댕이치고라도 사람을 구하러 달려가야 하지 않았겠소? 또 어떤 때에는 동네에 큰 불이

났기에 백성들과 함께 개울물을 퍼다 날라 불을 껐는데, 세간에는 내가 입 안에 물고 있던 물을 뱉어 불을 껐다고 알려졌소. 심지어는 내가 한날한시에 여러 곳에서 똑같은 모습으로 나타나기도 하고, 또 어떤 때에는 온 천하를 다 찾아도 자취를 찾을 수가 없었다는 둥 말에 살이 붙고 또 붙어 내가 아닌 내가 또 있는 것처럼 신기한 이야기들이 난무했지. 그러나 무슨 상관이겠소? 그로 인하여 드러나는 건 부처님의 가피와 자비이니까. 천촌만락(千村萬落)에서 노래하고 춤추며 교화하고 음영하니 가난하고 무지몽매한 무리들까지도 모두 부처님 이름을 알게 되었고, 모두 나무(南舞)를 칭하게 되었으니 그걸로 되었소."

"스님께서 남기신 설화가 오늘날까지 서라벌 일대에 남아 있습니다. 신라 다음에 나타난 나라가 고려(高麗)인데, 고려의 일연(一然) 큰스님이 『삼국유사』라는 책을 써서 원효 스님이 남긴 설화들을 소개했지요. 스님께서 『금강삼매경론(金剛三昧經論)』을 찬술하실 때 이야기랍니다. 어느날 임금님이 100명의 고승대덕(高僧大德)을 초청하여 인왕경을 강론하는 백고좌대회를 열었을 때 상주(湘州) 사람들이 스님을 천거했답니다. 그런데 다른 스님들이 원효 스님의 인품이 나쁘다고 헐뜯어서 스님이 백고좌대회에 받아들여지지 않았답니다.

그런 일이 있은 뒤 왕비께서 종기를 앓게 되어서 아무리 좋은 약을 다 써도 별다른 효과가 없어, 임금님이 왕자와 신하들을 거느리고 영험이 있다는 명산대천을 다 찾아다니며 기도를 드리던 중 한 무당이 말하기를, "사람을 다른 나라에 보내어 약을 구하게 하면 그 병이 곧 나을 것"이라고 하였답니다. 임금님은 곧 당나라에서 좋은 약과 의술에 능한 사람을 구하도록 사신을 보냈는데, 왕명을 받은 사신 일행이 바다 한가운데 이르자 바닷물 속으로부터 한 노인이 솟아올라 사신들을 용궁으로 데리고 갔답니다.

용왕은 자기의 이름을 금해(鈐海)라고 밝히며 이렇게 말했답니다. "경들 나라의 왕비는 바로 청제(靑帝)의 셋째공주요. 우리 용궁에는 일찍부터 『금강삼매경』이라는 불경이 전하여 오는데 시각(始覺)과 본각(本覺)으로 되어 있소. 원만하게 열린 보살행(菩薩行)을 설명하여 주는 불경이오. 신라 왕비의 병으로 인하여 좋은 인연을 삼아, 이 불경을 당신들의 나라로 보내어 널리 알리고자 사신들을 부른 것이오"라고 하였답니다.

그리하여 스님이 이 『금강삼매경』에 대한 주석서 3권을 지어 황룡사에서 설법하게 되었답니다. 황룡사 오는 길에 소를 타고 오면서 두 뿔 사이에 붓과 벼루를 놓고 소 잔등 위에서 주석을 지으셨다지요. 임금님을 비롯하여 왕비마마와 왕자·공주, 그리고 여러 대신들과 전국의 절에서 온 명망 높은 고승들에게 『금강삼매경』의 강해(講解)를 시작하니 그 강설은 흐르는 물처럼 도도하고 질서정연하여, 오만하게 앉아 있던 고승들의 입에서 찬양하는 소리가 저절로 흘러나왔다고 합니다. 『금강삼매경』의 강설을 끝내고 스님께서 "지난날 나라에서 100개의 서까래를 구할 때에는 그 속에 끼일 수도 없더니, 오늘 아침 단 한 개의 대들보를 가로지르는 마당에서는 나 혼자 그 일을 하는구나" 말씀하시니 이 말을 들은 고승들은 부끄러워하면서 깊이 뉘우쳤다는 이야기입니다."

"역시나 나이되 내가 아닌 이야기구려. 『금강삼매경』의 주석은 이미 대안 스님께서 시장바닥에서 초를 잡으셨소. 내가 소뿔 사이에 붓과 벼루를 놓고 주석을 짓기야 했지만."

"스님께서 지으신 글들 가운데 오늘날까지 남아 있는 건 20부 22권이라고 합니다. 그런데 전해지지 않은 게 80여부 218권이나 된다고 하니 아쉬울 뿐입니다. 그래도 『대승기신론소』는 중국 고승들이 해동소(海東疏)라 하여 즐겨 인용하였다고 하며 『금강삼매경론』은 인도의 마명(馬鳴)·용수 등과 같은 고승이 아니고는 얻기 힘든 논(論)이라는 명칭을 받은 저작이라고 학자들이 찬사를 아끼지 않더군요."

"다 허명(虛名)일 뿐이오. 부처님 법을 전하는 방편으로 글도 말도 남겼을 뿐이지 무엇을 바라고 남겼겠소. 『금강경』에서 천명하였듯이 아무것도 바라지 않고 무주상보시(無住相布施)를 할 뿐이오. 법을 전하되 법에 머무르지 않는 보시라는 말이오. '내가' '무엇을' '누구에게 베풀었다.'라는 자만심, 아상(我相) 없이 온전한 자비심으로 베풀어주는 것이 참된 보시지, '내가 남을 위하여 베풀었다.'는 생각이 있는 보시는 진정한 보시라고 볼 수 없소. 내가 베풀었다고 의식하면 베푼 만큼 값을 받으려는 집착만을 남기게 되고 마침내는 깨달음에 이르고자 베풀었던 보시가 새로운 번뇌 망상을 낳기 마련이지. 그런 보시에서 벗어나려면 나와 남이 둘이 아닌 한 몸이라고 보는 데서부터 무주상보시가 이루어져야 하고, 이 보시를 위해서는 맨손으로 왔다가 맨손으로 가는 것이 우리 인생의 살림살이라는 것을 알아야 하오. 그리고 가난한 이에게는 분수대로 나누어주고, 진리의 말로써 마음이 빈곤한 자에게 용기와 올바른 길을 제시해주며, 모든 중생들이 마음의 평안을 누릴 수 있게끔 하는 것이 참된 보시라고 하겠소."

"감사합니다. 스님. 그럼 이제 천룡사가 있는 남산 남쪽 천룡골을 거쳐 서남산 용장골로 내려가 보겠습니다. 매월당 김시습이라고 고명한 선비가 출가해 설잠 스님이 되어 수행하신 곳이 용장골 용장사인데 고운 선생님과 스님을 뵈었다면 설잠 스님 역시 뵐 수 있겠습니다."

"문장이 탁월하고 파격을 거듭했다는 이야기는 나도 들었소. 처사가 만나면 재미가 좋겠구려. 내려가 봅시다."

* 칠불암과 마애불에 대한 설명

경상북도 경주시 칠불암에 있는 남북국시대 통일신라 시기에 조성된 7구의 마애불을 중심으로 조성된 암자다. 창건연대 및 중창의 기록은 전하지 않고 있으나 현존하는 유물들로 보아 신라시대에 창건되었던 것으로 추정되며, 칠불암이라 부르게 된 것도 마당에 있는 바위에 아미타삼존불(阿彌陀三尊佛)을 비롯하여 사방불(四方佛)이 조각되어 있기 때문으로서, 바위 면에 부조된 삼존불상과 그 앞의 돌기둥에 부조된 4구의 불상 등 모두 7구의 불상이 있어 칠불암으로 불려 오고 있다. 유구(遺構)의 상태로 보아 원래는 석경(石經)을 벽면으로 세운 일종의 석굴사원(石窟寺院)이었을 가능성이 있다.

이 밖에도 많은 석재유물과 기와조각들이 있는데, 이들은 거의 통일신라시대의 유물로 추정된다. 또한, 이 암자는 신라의 고승 원효(元曉)가 머물면서 대안(大安)의 가르침을 받았던 도량으로 전하고 있다. 1930년대에 지금의 암자가 세워졌다. 현재 남산 내에서는 가장 규모가 큰 불상을 갖춘 곳이다. 이 칠불은 조각수법이 빼어날 뿐 아니라 우리나라 사방불의 연구에 귀중한 유물이 된다. 또, 이 절의 위쪽 신선바위[神仙巖]에는 반가상(半跏像)을 한 보살상이 있는데 매우 빼어난 작품이다.

현존하는 당우(堂宇)로는 인법당(因法堂)을 비롯하여 산신각(山神閣), 요사채 등이 있는데, 산신각에는 특이한 모자를 쓴 산신탱화가 있었으나 분실되었다. 또한, 이 암자에는 칠불 외에도 폐탑의 탑재를 모아 올린 3층 석탑 1기와 옥개석으로 보이는 6개의 석재, 여덟 겹의 연꽃이 새겨진 배례석(拜禮石)이 있다. 마애불상군은 2009년 국보로 지정되었다.(한국민족문화대백과사전)

8. 천룡사에 얽힌 설화들

칠불암에서 용장사로 향하기에 앞서 천룡사 골짜기[천룡골 天龍谷]를 들렀다 가려 합니다. 본래 용장사 가는 길은 봉화대능선을 지나 삼화령에 오른 다음 용장골로 내려가는데, 저는 칠불암에서 서쪽으로 수리산을 넘어 백운암에 이른 뒤 천룡사 골짜기로 내려가 열반골을 거쳐 용장골로 접어들려 합니다. 원효 스님과 함께 천룡사 가는 길로 들어서니 고운 선생님이 그랬듯이 스님 역시 어디 가셨는지 보이지 않습니다. 곡차를 약속하셨으니 지키시려니 하고 홀로 수리산으로 올라갑니다. 이 산에서 뻗어내린 여러 계곡에만 15개소에 이르는 절터들이 있습니다.

수리산은 고위산(高位山, 해발 494미터)이라고도 불리는데, 남산에서 가장 높은 봉우리입니다. 사람 몸에서 가장 높이 있는 머리 위 한복판을 정수리라고 부르듯, 이 산도 남산에서 가장 높이 솟아

올라 있기에 '수리'라는 이름을 갖습니다. 수리산 동쪽은 경사가 급하지 않은 완만한 능선으로, 칠불암 봉화대와 이어집니다. 북쪽은 험하면서도 신비롭게 생긴 바위들로 가득한 열반골로 이어지고, 남쪽은 부드러운 능선으로 솟아오른 천왕지산 위에 백운암과 천주사 등이 있습니다.

수리산 정상에서 서쪽으로 흘러내리는 계곡을 따라 내려가면 갑자기 터가 넓고 아늑하게 트이면서 석탑이 보이는데 바로 천룡사 터입니다. 400미터 가까운 높은 곳에 축대를 따로 쌓아 터를 닦은 듯 펼쳐진 넓은 평지에다 수리산 꼭대기에서 뻗어내린 두 산줄기가 평지 좌우편을 감싸는 모습은 말 그대로 하늘에서 내려온 용인 천룡(天龍)이 절터를 지키는 형상입니다. 천룡사 터에서 서쪽을 바라보면 이조(伊助) 들판이, 더 멀리 바라보면 박달리 부근 산들이 아스라이 보입니다. 산 밑으로는 냇물이 흐르니 이야말로 풍수지리에서 말하는 명당인 배산임수(背山臨水)의 형상입니다.

이렇게 양지바르고 좋은 땅에 세워진 천룡사가 언제 세워졌는지는 알 수 없습니다. 신라 절을 연구한 학자들은 천룡사가 삼국시대에는 세워졌다고 봅니다. 『삼국유사』에 따르면 "옛날 단월(檀越)에게 두 딸이 있어 천녀(天女)와 용녀(龍女)라고 하였는데, 양친이 두 딸을 위하여 절을 세우고 딸의 이름을 따라 천룡사라 하였다"라고 합니다. 단월이란 절이나 승려에게 물건을 시주하는 신자 또는 후원자를 뜻하는 말입니다. 또한 『삼국유사』에서는 "계림 땅에는 딴 곳에서 흘러온 두 물줄기와 거슬러 흐르는 물줄기가 있는데, 이 물들을 진압하지 못하면 천룡사가 뒤집혀서 가라앉는 재앙이 생긴

다"라고 하였으며, 중국의 사신 악붕귀(樂鵬龜)도 천룡사가 파괴되면 곧 신라가 망하리라고 말했답니다.[27] 옛사람들도 천룡사의 위치가 묘하고 상서롭기까지 하다고 보았던 것입니다.

그런데 이 악붕귀는 앞서 이야기한 사천왕사와 망덕사 설화에도 등장합니다. 신라가 사천왕사를 짓고 문두루비법을 행하여 황해를 건너오던 당나라 군선을 풍랑으로 깨뜨리자, 그 소식에 분노한 당나라 고종은 신라가 진짜로 사천왕사를 짓고 비법을 행했는지 진상을 파악하려 악붕귀를 사신으로 보냈습니다. 그 악붕귀가 사천왕사를 감추려 세운 망덕사를 보고 "이는 사천왕사가 아니라 망덕요산(望德遙山)의 절이다"라고 단언하자, 신라에서는 황금 천 냥으로 악붕귀를 매수해 신라에 유리한 보고를 올리게 했었지요. 사천왕사와 망덕사 설화뿐만 아니라 천룡사 설화에도 악붕귀가 등장한다는 점을 상기하면 천룡사는 사천왕사와 망덕사가 창건되었던 7세기 말에는 이미 창건되었음을 알 수 있습니다.

공교롭게도 천룡사는 악붕귀가 말한 대로 나라의 흥망을 함께 했습니다. 물론 나라가 혼란에 빠지고 전쟁이 연달아 일어나는 시대에 어느 절인들 불타거나 무너지지 않기는 어렵겠지만요. 신라 말기에 천룡사가 파괴되고 황폐해지자 얼마 지나지 않아 나라가 망하였습니다. 이에 고려 정종 6년(1040년) 최승로(崔承老)의 손자 최제안(崔齊顔)이 천룡사를 중창(重創, 다시 새롭게 지음)하였습니다. 『삼국유사』 제4권 「탑상」 제4의 〈삼소관음중생사(三所觀音衆生寺)〉조에는 '신라 고전(新羅古傳)'이라고 하여 다음과 같은 설화를 기록하고

27) 『삼국유사(三國遺事)』 제3권 「탑상(塔像)」 제4.

있습니다.

천룡사를 중건한 최제안(崔齊安)은 부처님과 깊은 인연으로 태어났습니다. 최제안의 증조부인 최은성(崔殷誠, 혹은 최은함崔殷緘이라고도 한다)은 신라 55대 경애왕 때의 사람으로, 뒤를 이을 자식이 없음을 슬퍼하여 중생사의 관음보살 앞에 지성으로 기도를 올렸답니다. 지극한 정성에 부처님의 가피(加被, 부처님이나 보살이 힘을 더하고 지켜주는 것)가 임하여 최은성의 아내는 옥동자를 낳았습니다. 최씨 부부는 부처님의 자비에 감격하고 감사하며 소중하게 아기를 키웠습니다.

그런데 어찌합니까? 아들이 태어난 지 석 달 만에 후백제 대왕 견훤이 신라로 쳐들어와서 큰 전쟁이 벌어집니다. 견훤은 신라의 군대를 단숨에 무찌르고 무인지경을 내달리듯 서라벌까지 쳐들어와 신라 55대 임금 경애왕과 왕후, 대소신료들을 모조리 포로로 잡아버립니다. 경애왕은 견훤에게 온갖 수모를 당하며 자결을 강요받아 죽었고, 후백제 군사들은 서라벌 장안 거리마다 돌아다니며 내키는 대로 신라 백성들을 죽여대고 재물을 빼앗았습니다. 후백제 군사들의 만행에 분노를 참을 수 없었던 최은성은 백성들을 지키고 적들을 무찌르려 칼을 들고 일어섰습니다. 전투에 나서기 전 최은성은 백일을 갓 넘긴 아들을 포대기에 싸안고 중생사의 관음보살상 앞에 엎드려 슬피 울며 빌었답니다.

“이웃 나라의 군사가 별안간 침입하여 일이 이미 급하게 되었는데 어린 자식이 누가 되어 함께 지내기 어렵게 되었습니다. 만일 참으로 부처님께서 점지해주신 자식이라면 부디 대자대비하신 원력으로 이 아이를 덮어 주시고 길러 주시옵소서. 그리하여 우리 부자가 다시금 서로 만날 수 있게 해 주옵소서."

애타는 심정으로 기도하며 세 번 울고, 세 번 고한 다음 최은성은 포대기로 감싼 아기를 관세음보살의 발치 향탁(香卓, 향불을 피우는 탁자) 아래에 내려놓고 칼을 들고 후백제 군사들과 싸우러 갔습니다. 보름 뒤 싸움이 끝나고 후백제 군사들은 서라벌을 떠났습니다. 견훤은 경애왕을 처형했으나 아직 신라를 완전히 집어삼킬 형편은 아니었습니다. 그래서 견훤은 후백제의 꼭두각시 노릇을 할 임금으로 김씨 가문의 김부(金傅)를 앉혀 놓으니 바로 신라의 마지막 임금 경순왕입니다. 경순왕을 즉위시킨 뒤 견훤과 후백제 군사들은 신라를 구하러 달려오는 고려 태조 왕건의 군대와 싸우려고 팔공산(八公山)으로 향했습니다.

후백제 군사들이 서라벌에서 물러가자 최은성은 곧바로 중생사로 달려갔습니다. 전쟁 통에 보름 동안이나 아무도 돌봐주지 않았을 아기가 과연 무사할지 두려웠습니다. 최은성은 대자대비하신 부처님의 가피가 부디 임했기를 바라며 정신없이 아기 이름을 부르면서 관음전의 문을 열었습니다. 아가! 외마디 소리를 지른 최은성의 눈앞에 무엇이 보였을까요? 놀라지 마십시오! 아기는 보름 전 향탁 아래 처음 두고 왔을 때와 똑같은 모습으로 새근새근 잠자고 있었습니다. 보름 동안 아무도 돌봐주지 않았을 텐데 아기의 살결은 금방 씻은 것처럼 깨끗하고 입에서도 금방 먹은 듯한 젖 냄새가 풍겼습니다. 최은성은 물밀듯 밀려오는 안도감에 맥이 탁 풀렸습니다. 그대로 관세음보살 앞에 무릎을 꿇고는 한없는 눈물과 함께 무수히 절을 드렸습니다. 아기는 아버지가 온 것을 알았는지 어느새 잠에서 깨어 방긋 웃어주고 있었습니다. 아기를 안고 집에 돌아가는 최은성의 얼굴에도 눈물로 가득 덮인 웃음이 떠올랐습니다.

이토록 힘들게 얻고 힘들게 지켜낸 아기는 자라날수록 뛰어난 지혜와 총명을 보이며 온 나라에 이름을 떨쳤습니다. 바로 최제안의 할아버지인 최승로(崔承老, 927~989)입니다. 최승로는 935년(태조 18) 신라 경순왕이 고려 태조 왕건에게 투항할 때 아버지 최은성과 함께 서라벌을 떠나 고려에 들어왔습니다. 그리고 3년 뒤 태조 왕건의 부름을 받고 그의 앞에서 『논어』를 읽었답니다. 어린 최승로의 총명함에 놀란 태조 왕건은 최승로에게 소금 만들 때 쓰는 큰 항아리[염분(鹽盆)]를 하사하고 원봉성학생(元鳳省學生)이 되게 하였습니다. 과거에는 소금이 매우 귀했기에 임금이 신하에게 염분을 내린다는 것은 특별한 선물이었습니다. 그리고 원봉성(元鳳省)이란 임금이 내리는 명령을 문서로 만들어 출납하는 기관으로 오늘날의 대통령비서실에 해당하는데, 열두 살 최승로가 나라에서 가장 힘 있는 기관에 들어가게 된 것입니다. 태조 왕건은 여기에다 안장 얹은 말[鞍馬]과 곡식 20석(碩)까지 얹어 하사하는 등 최승로를 특별히 아끼고 은총을 내렸습니다.

이렇게 어려서부터 문장과 학문을 다루는 관직에 오른 최승로는 고려에서 가장 으뜸가는 학자로 손꼽히게 되었습니다. 정종과 광종, 경종 임금의 시대에는 학사직(學士職)을 맡아 조용히 학문에 정진하며 지냈던 최승로는 성종 임금이 즉위한 첫해(982년) 드디어 정광(正匡)에 오르며 행정에서 중요한 직위를 맡게 되었습니다. 그리고 그해 6월, 최승로는 시무(時務) 28조라는 글을 성종 임금에게 바쳤습니다. 이는 유학의 가르침에 따라 나라를 다스리려면 어떻게 해야 할지의 방향을 제시한 글로 태조에서 경종에 이르는 다섯 임금이 남긴 업적을 평가하는 한편 북쪽 국경을 지키기 위한 방책, 지나친 불교 숭상이 낳는 폐단에 대한 건의, 경제문제와 사회문제에 대한 해결책, 외교정책에 대한 제안에 이르기까지 광범위한 분야를 다뤘습니다.

최승로의 시무 28조를 받아 읽은 성종 임금은 크게 기뻐하며 이 글을 새로운 국가체제 정비에 반영하였고 그를 자기의 정치보좌관으로 발탁하였습니다. 최승로는 어린 시절부터 55세가 되기까지 어떻게 하면 나라를 잘 다스리고 발전시킬 수 있을지 오래도록 생각하고 준비해 왔고, 그를 인정해 주는 임금을 만났기에 마음껏 자기 뜻을 펼칠 수 있었습니다. 983년에는 문하시랑평장사(門下侍郎平章事)로 영전되고, 988년에는 문하수시중(門下守侍中)으로 청하후(淸河侯) 로 봉해져 식읍(食邑) 700호(戶)를 받으며 고려 정치의 중심에 섰습니다. 그 뒤 최승로는 여러 차례 사직하기를 간청하였으나 성종 임금은 이를 허락하지 않았습니다.

최승로는 시무 28조를 바치고 7년 뒤(989년) 세상을 떠났습니다. 오랫동안 품어온 포부를 마음껏 펼치고 아쉬움 없이 맞이한 죽음이었습니다. 성종 임금은 크게 슬퍼하며 포(布) 1,000필, 면(麪) 300석, 갱미(粳米) 500석 등을 내려 최승로가 남긴 공적을 기리고 태사(太師) 벼슬을 추증하였습니다. 998년(목종 1)에는 최승로의 위패가 성종 임금의 위패를 모신 사당에 함께 배향되었으며 1033년

(덕종 2)에는 대광 내사령(大匡內史令) 벼슬을 더하여 추증하였습니다. 고려 전기에 가장 뛰어난 유학자요 고려라는 나라의 기틀을 만든 인물에게 어울리는 대우였습니다.

이 최승로의 아들이 낭중(郎中) 벼슬을 지낸 최숙(崔肅)이고, 그의 아들이 최제안입니다. 최제안 역시 할아버지와 아버지의 뒤를 이어 관직에 올랐고 호부상서(戶部尙書, 오늘날의 기획재정부 장관), 이부상서(吏部尙書, 행정안전부 장관)를 거쳐 문하시중(門下侍中, 국무총리)까지 역임했습니다. 1040년(정종 6) 최제안은 고려의 번영과 왕실의 만수무강을 위하여 조상의 터전인 경주 고위산(일명 수리산)에 있던 천룡사를 수리하여 큰절로 만들고 여러 부처님을 모셨으며 조정의 명령을 받아 작성한 「신서(信書)」를 절에 남겼습니다. 『삼국유사』에는 최제안이 천룡사를 중창하고 남긴 「신서」에 대해 다음과 같이 기록하고 있습니다.

"단월 내사시랑(內史侍郎) 동내사(同內史) 문하평장사주국(門下平章事柱國) 최제안(崔齊顔)은 쓴다. 동경(東京, 경주) 고위산의 천룡사가 쇠잔하고 파괴된 지 여러 해가 되었다. 제자는 특히 성수(聖壽)가 무강하시며 백성과 나라가 편안하고 태평하시기를 발원하여 전당·회랑·방·주방·창고를 모두 완성하고, 석조불과 니소불(泥塑佛) 몇 구를 조성하여 석가만일도량(釋迦萬日道場)을 개설하였다. 이는 나라를 위해서 이룬 것이니, 관가(官家)에서 주지를 정하는 것도 역시 옳겠지만, [주지가] 바뀌어 교대될 때는 도량의 승려들이 안심하기가 어렵다. 희사한 토지로 사원을 충족하게 한 예를 보면, 팔공산(公山)

지장사(地藏寺) 같은 곳은 입전(入田)이 2백 결이고, 비슬산(毗瑟山) 도선사(道仙寺)는 입전이 20결이며, 서경(西京)의 사방에 있는 산사도 각기 20결씩이다. 모두 유직(有職)・무직(無職)을 막론하고 반드시 계를 갖추고 재주가 뛰어난 이를 뽑아서 사중(社衆)의 중망(衆望)에 의하여 차례를 이어 주지로 삼아 분향수도(焚修)함을 상례로 삼았다.

제자는 이 풍습을 듣고 기뻐하여 우리 천룡사도 역시 사중에서 재주와 덕이 함께 뛰어난 큰스님[대덕(大德)]을 골라 뽑아 동량(棟梁)으로 삼아 주지로 임명하여 늘 향을 피우고 수도하게 한다. 문자를 자세히 기록하여 강사(剛司, 절에서 법회를 주관하는 스님)에게 맡기니, 당시의 주지로부터 시작해서 유수관(留守官, 고려시대 평양, 양주(현 서울), 경주에 두었던 관리)의 공문을 받아 도량의 여러 대중에게 보일 것이며, 각자 자세히 알아야 할 것이다."[28]

위와 같은 신서를 남기고 최제안은 세상을 떠났습니다. 그 후 그는 절을 지키는 가람신(伽藍神)이 되어 신령스럽고 신기한 일을 많이 보였다고 합니다.

천룡사는 최제안이 중창한 뒤로 남산의 대찰로 이름을 떨치다가 고려가 망해 가는 시기에 다시 쇠퇴하였습니다. 그러다가 조선이 세워진 뒤 무학대사가 제자들을 보내 천룡사를 다시 중창하였다고 합니다. 조선에서도 천룡사는 면면히 명맥을 이었습니다. 임진왜란과 병자호란 이후에 활동한 유학자 우담 정시한(愚潭 丁時翰, 1625~1707)이 쓴 『산중일기』에 따르면, 그가 1686년 5월 17일 천

28) https://db.history.go.kr/ancient/level.do

룡사를 찾아와 묵었는데 "절 뒤에 있는 바위 봉우리[石峯]는 매우 뛰어나고 스님들의 품격도 좋다"라고 적었답니다. 이는 전란의 시대를 거치고도 천룡사가 불타거나 무너지지 않고 그 위세를 지켜왔음을 알려줍니다. 천룡사 터 부근에 남아 있는 신라·고려·조선의 기와 조각들과 돌로 쌓은 축대들을 살펴보면 적어도 200여 년 전까지는 천룡사가 남아 있었음을 알 수 있습니다.

그러나 끝내 천룡사는 조선 후기에 들어 무너지고 맙니다. 이미 임진왜란 전부터 조선은 왕실의 원찰(願刹)이던 양주 회암사까지 선비들의 손에 불타 없어질 만큼 불교를 억압하는 분위기가 팽배해져 있었습니다. 특히 퇴계 이황 이래 유학이 흥성했던 경상도에서는 더욱 그러했겠지요. 천룡사는 200여 년 전 어떻게 폐사되었는지도 알지 못하게 사라졌습니다. 천룡사가 무너진 자리는 땅이 기름져서 논밭과 담배밭이 들어섰고 밭 주변에는 마을이 생겼습니다. 마을 사람들은 천룡사 터를 파헤쳐 기왓장과 주춧돌을 주워 자기들 집을 짓는 데 썼습니다. 그래서 천룡사의 건물들이 어디에 어떻게 지어져 있었는지는 전혀 알 길이 없어져 버렸습니다.

천룡사가 무너지고 100여 년 뒤인 1910년, 조선도 경술국치(庚戌國恥)를 맞아 일본의 식민지로 합병되어 멸망합니다. 그런데 논밭과 마을로 바뀌어 버린 천룡사 터를 눈여겨본 어른이 있었습니다. 진종(震鍾, 1864~1940) 큰스님입니다. 속명은 백상규(白相奎), 법호는 용성(龍城)이어서 백용성(白龍城) 스님으로도 불리는 분입니다. 스님은 불교계의 지도자로서 민족대표 33인 가운데 하나로 3.1 운동에 앞장서 징역 3년을 선고받았습니다. 감옥에 있는 동안 어려운 한문으로만 되어 있는 불교 경전을 쉬운 우리말로 번역해야겠다는 뜻을 세우고 불교의 현대화와 대중화에 앞장서셨으며, 절과 스님들이 속세의 영향과 압력에 휘둘리지 않으려면 스스로 농사짓고 경작하며 수행해야 한다는 선농일치운동(禪農一致運動)을 전개했고 힘들게 농사지어 모은 돈으로 대한민국 임시정부를 후원하는 등 독립운동에 힘쓴 분이었습니다.

평생을 불교개혁과 독립운동에 매진하셨던 백용성 스님은 해방을 5년 앞둔 1940년 서울 대각사에서 입적하셨는데, 이때 제자들에게 10가지 유훈을 남기셨다고 합니다.

1. 가야불교 초전법륜 성지를 잘 가꾸어라.
2. 고구려불교 초전법륜 성지를 잘 가꾸어라.
3. 백제불교 초전법륜 성지를 잘 가꾸어라.
4. 신라불교 초전법륜 성지를 잘 가꾸어라.
5. 신라고도 성지 남산인 금오산과 진산인 남산을 잘 가꾸어라.
6. 호국호법도량 남산인 금오산 중 고위산 천룡사지를 잘 가꾸어서 수도발원교학도량의 언덕으로 삼아라. 그리고 여력을 몰아서 불타탄생성지 네팔룸비니원과 불타성도성지 인도보드가야 보리수원과 불타초전법륜성지 인도바라나시 녹야원과 불타장구주석성지 인도 쉬라바스티 기원정사와 불타입멸성지 인도 쿠시나가르 사라수원을 잘 가꾸어라.
7. 불경과 어록을 100만 권이 넘도록 유포하라.
8. 삼귀의(三歸依) 오계(五戒) 수계법회를 통하여 수계자가 1백만이 넘도록 할 것이며, 이 수계자에게 아들이나 내지 손자

대나 증손자 대에 가서 한 아들이나 한 손자나 한 증손자를 잘 낳아서 잘 길러서 잘 가르쳐서 부처님 전에 출가봉공케 하라.
9. 온 겨레, 전 인류, 만중생과 성불인연을 지으라.
10. 안으로 수행은 비묘엄밀하게 하고 교화는 중생의 근기를 따라 하되 악한 이나 선한 이를 가리지 말고 인연 따라 승려를 만들고 잘난 이나 못난 이를 가리지 말고 인연 따라 신도를 삼아 찬양도 받으면서 비방도 함께 받아 모두 다 수용해서 『묘법연화경』 제20상불경 보살품인 상불경보살의 수행을 본받아 성불인연을 지어 나가라.29)

10가지 유훈에서 유독 천룡사를 지목하여 잘 가꾸라고 당부한 이유는 무엇일까요? 큰스님은 "천룡사가 파괴되면 곧 신라가 망하리라"라고 했던 『삼국유사』 속 악붕귀의 말에 주목하여 천룡사의 흥망과 나라의 흥망이 함께 간다고 보았습니다. 그래서 고려 500년 운을 위해 정랑 최제안 공이 중창을 하고 조선 500년 운을 위해 무학대사께서 그 제자를 보내 3창을 했으며 기묘년인 서기 1999년도로부터 계미년인 서기 2003년 안으로 이 나라의 800년 대운이 들어온다고 말씀하셨답니다.

그래서 백용성 스님의 제자 도문 스님은 스승의 뜻을 잇고자 폐허가 된 천룡사를 중창하는 사업에 나섰습니다. 논밭과 외양간이 되어 버린 천룡사 터를 마을 사람들로부터 사들여 법당과 요사채(절에서 스님들이 사는 집)를 중건하였습니다. 백용성 스님이 1939년에 조성한 범종을 천룡사로 모셔와 아침 33번, 정오 108번, 저녁

29) https://www.xn--3h3bm5g89e.kr/pages/sub5030.php?co_id=sub5030

28번을 쳐서 그 소리가 부처님 법이 가득한 세상 속에 울려 퍼지게 하고 있습니다. 절터에 무너진 채 나뒹굴고 있던 폐탑도 1990년 복원하여 1993년 보물로 지정받기에 이르렀습니다. 더불어 1990년에는 동국대학교 경주캠퍼스 박물관에서 천룡사 터를 발굴하여 조사하였고, 뒤이어 국립경주문화재연구소(현 국립경주문화유산연구소)에서도 발굴조사에 나서 총 11개 건물터를 확인하였고, 절의 중심 건물인 금당(金堂)은 고려 시대 이후 16세기까지 세 차례에 걸쳐 중수되었음을 밝혔습니다.

절터에는 탑뿐만 아니라 비석을 모셨던 귀부(龜趺, 거북이 모양을 한 비석 받침돌)가 남아 있습니다. 귀부는 현재 민가의 마당 가운데 있는데 비석의 몸체는 동강이 났고 거북 모양 받침돌만 남아 있습니다. 귀부에서 남쪽으로 건너다보이는 산허리에는 절에서 먹을 물이나 목욕물을 받기 위해 만든 커다란 석조(石槽, 돌로 된 그릇)가 하나 있습니다. 이 석조는 가로 3.8 미터, 세로 1.5 미터나 되는데 서라벌 한복판에 있던 큰 절 흥륜사(興輪寺) 옛터에서 발굴된 석조에 버금가는 크기를 자랑합니다. 석조에서 다시 아랫마을 쪽으로 오면 맷돌 하나가 있습니다. 여기저기 퍼져 있는 유물들은 옛 천룡사가 얼마나 큰 절이었는지 보여줍니다.

천룡사 뒤편에는 용두암(龍頭岩)이 있고 그 아래에는 약수터가 있습니다. 아마도 이 약수터가 천룡사의 석조에 물을 대는 구실을 했겠지요. 용두암을 지나면 천룡사로 출가하여 구도의 길을 떠난 아가씨의 이야기가 얽힌 열반골[涅槃谷]이 있습니다. 신라의 한 각간(角干 · 대신)에게 외동딸이 있었는데, 이 아가씨는 마치 꽃구름 타고 하늘에서 내려온 선녀처럼 고운 얼굴에 고운 마음씨로 뭇 남자들의 사랑을 독차지했답니다. 아가씨가 시집갈 나이가 되자 많은 남자가 사랑한다며 추파를 던졌습니다. 어떤 남자는 권력을 뽐내고, 또 어떤 남자는 돈을 내세워 아가씨를 유혹하려 들었습니다. 그러나 아가씨가 보기에는 모두 자기를 마치 사고파는 물건처럼 보고 욕심을 내는 것만 같았답니다.

이에 아가씨는 남들 보기에 아름답고 예쁘나 언젠가는 사라져 버릴 겉모습에 매달리는 속세 대신 늘 변함없는 깨달음의 세계를 구하려 출가하기를 결심합니다. 아가씨가 시끄럽고 더러운 속세를 떠나 출가하기를 결심하고 도착한 곳은 서남산 어느 골짜기였습니다. 온갖 기기괴괴한 모양을 한 바위들로 가득한 이 골짜기에서 아가씨는 머리 다발을 끊고 화려한 옷마저 벗어버리고 먹물 옷으로 갈아입고는 인적 없는 골짜기 속으로 걸어 들어갔습니다. 그러나 애티 나는 아가씨의 살 냄새를 맡은 뭇짐승들이 내는 울음소리가 여기저기서 들리기 시작했습니다. 골짜기가 깊어질수록 숲속 곳곳에 도사린 무서운 맹수들의 눈빛이 느껴졌습니다.

아가씨는 서라벌 성안에서는 겪어본 적 없었던 참기 힘든 무서움과 외로움에 오직 부처님의 이름만 부르며 앞만 보고 나아갔습니다. 맹수들은 사람이 고개를 돌려 뒤를 보는 순간 곧바로 덮치는 법입니다. 아가씨가 언제 고개를 돌릴지 기다리며 발소리를 죽여 따라오던 맹수들은 고개 한 번 돌아보지 않고 무소의 뿔처럼 홀로 앞만 보며 걸어가는 아가씨에 지쳐 더는 따라오지 않았습니다. 순간 아가씨의 눈앞에 산등성이가 나타나고, 산등성이 아래로는 두

산줄기가 좌우 양편을 감싼 넓은 공터가 보였습니다. 천룡사가 있는 자리였습니다. 지팡이를 짚고 오는 할머니가 아가씨를 이끌어 천룡사에 데려다주었답니다. 천룡사에 들어간 아가씨는 마침내 번뇌를 끊고 열반에 들어 보살이 되었다고 합니다.

9. 꿈속에 또 꿈이로세, 용장사에서 만난 설잠 스님

이제는 천룡사에서 용장사(茸長寺)가 있는 용장골로 넘어갈 차례입니다. 용장사는 신라 시대에 창건된 절로, 조선 시대에는 매월당 김시습이 이곳에서 설잠 스님이라는 이름으로 『금오신화(金鰲神話)』를 썼던 곳이지요. 절터 축대와 기왓장들만 남은 폐허 위에 상상력을 발휘해 옛 건물을 그려보고 그 안에서 붓을 달려 『금오신화』를 썼을 김시습을 또한 그려봅니다. 용장골에서 하산하여 큰길로 내려오면 삼릉 가는 길이 나오는데 이 길을 따라 계속 걸으면 삼릉이 나오고, 경애왕릉이 나오고 경애왕이 목숨을 잃은 포석정이 나타납니다. 북쪽으로 올라가면 신라 천년이 시작된 나정을 만나며, 더 나아가면 월정교가 보일 것입니다.

용장골은 남산에서 가장 높은 고위산(高位山, 수리산)과 금오산 두 봉우리 사이에 난 계곡으로, 수리산 동쪽으로 흐르는 물길과 칠불암 봉수대 부근에서 흐르는 물길에서 출발해 금오산 남쪽과 수리산 북쪽으로 흐르는 여러 골짜기들의 물길을 아울러 서쪽으로 흘러서는 용장마을을 지나 인천(麟川, 기린내)로 들어갑니다. 길이는 약 3㎞로, 골짜기의 길이로나 넓이로나 모두 남산에서 으뜸가는 골짜기입니다. 용장골 여기저기 흘러드는 지류 곳곳마다 우뚝한 바위산과 아늑한 명당자리가 있으니 실로 절이 들어서기 좋은 곳이었습니다. 이곳에 남아 있는 절터만도 18개소나 되며 석탑 7기에 불상 5좌가 세워져 있습니다. 절터들 가운데 용장골의 이름이 된 용장사를 제외하고는 어디에도 절 이름이 전하지 않습니다. 골짜기 이름뿐 아니라 마을 이름도 용장리이니 모두 용장사에서 따온 이름입니다. 그만큼 용장사는 창림사와 천룡사를 비롯해 남산에서도 손꼽히는 큰 절이었습니다.

신라 경덕왕 대 용장사에는 유가종(瑜伽宗)의 고승인 대현(大賢)이 살고 있었는데, 경덕왕 12년(753) 여름 큰 가뭄이 들어 곡식들이 모두 말라 죽게 되자 임금은 대현 스님을 월성 왕궁에 불러 부처님께 비를 빌게 하였답니다. 그런데 스님이 궁궐에 와 보니 주변 우물이 모두 말라 물그릇에 담을 물조차 없어 재를 올리지 못하고 있었답니다. 이에 대현 스님이 향을 피운 향로를 받쳐 들고 잠시 기도하자 마른 우물에서 갑자기 물이 솟구쳐 일곱 길이나 솟았다고 합니다. 용장사에는 높이가 열여섯 자(4m)쯤 되는 커다란 돌미륵부처님이 있었는데 대현 스님이 날마다 이 미륵부처님의 주위를 돌며 예배하면 부처님도 스님을 따라 얼굴을 돌렸다는 이야기가 『삼국유사』에 실려 있습니다.

조선 시대에도 용장사는 남산의 대찰로 남아 있었습니다. 기록에 따르면 김시습이 1465년부터 1471년까지 용장사에 머물면서 『금오신화』를 썼다고 하니, 이때까지도 용장사가 존재하였음을 알 수 있습니다. 그러나 지금은 천룡사나 창림사를 비롯해 남산의 여러 절이 그랬듯 절터 축대만 남은 위에 깨진 기왓장과 주춧돌들이 여기저기 뒹굴고 있을 뿐입니다.

용장사가 세워진 골짜기 지류는 탑상골이라고 합니다. 탑상골 어귀 넓적바위에서 북쪽을 향해 50m쯤 들어가면 골짜기가 두 갈래로 갈라지는데 여기서 동쪽으로 100m 정도 더 가면 골짜기는 다시 북쪽으로 꺾이면서 가파르고 험해집니다. 가파른 산길을 200m 가량 올라가면 드디어 거대한 축대가 나타나며 용장사 터가 눈앞에 열립니다. 동서로 70m, 남북에 걸쳐 40m가 되는 넓은 터에 열한 계단으로 석축을 쌓고 그 위에 부처님들을 모실 전각과 스님들이 거처할 살림집을 마련했을 터입니다.

산세를 살펴보면 금오산을 뒷산으로 하고 남서쪽으로 뻗은 산줄기 중 가장 큰 산을 주산으로 삼은 형상입니다. 용장사 터 동쪽으로는 청룡에 해당하는 기암괴석 가득한 산줄기가 절터를 안은 듯이 감싸면서 솟아올랐고, 백호에 해당하는 서쪽 산줄기는 보기에는 나지막해도 올라서면 100m의 낭떠러지가 됩니다. 절터에 앉아 청룡과 백호의 산세를 견주어 보면 백호가 다소 약해 보이지만, 그 너머에 솟아오른 비파골 산줄기가 백호 산줄기를 겹으로 감싸주어

균형을 맞추어 줍니다.

용장사 절터에 앉아 앞을 내다보면 산 아래 속세는 눈길에 아득하기만 하니 여기에 들어온 이들은 세상과 동떨어져 하늘에 오른 듯한 느낌이었을 겁니다. 터를 감싸고 있는 동쪽 청룡 산줄기 위에는 봉우리마다 탑이 서고 불상이 새겨졌습니다. 지금은 탑이 세워진 터 3곳과 불상 터 2곳이 남아 있습니다. 서쪽 백호 산줄기에는 집터 2곳이 남아 있습니다. 아마도 용장사에서 아침저녁으로 울렸을 범종을 모셨던 종루(鍾樓), 스님들이 읽고 배웠을 불경을 보관한 경루(經樓)였을 테지요. 용장사를 세운 이들은 이렇게 산줄기와 골짜기를 모두 절의 영역으로 포용해 놓고, 그 한복판에 큰 축대 열한 개를 계단처럼 층층이 쌓아 법당, 강당, 대문, 승방, 주방 등 수없이 많은 전각을 세웠던 것입니다.

용장사에서 가장 유명한 이가 있다면 아무래도 조선 시대의 생육신(生六臣)이었던 매월당 김시습(梅月堂 金時習, 1435~1493)이겠습니다. 김시습 선생은 유학에서 출발해 불도와 매우 가까운 삶을 살았고, 용장사에 머물며 후세까지 알려진 작품을 남겼습니다. 꿈속에서 남산을 걷는 이 길에 고운 최치원 선생과 원효 스님을 차례로 뵈었다면 다음 차례는 역시 김시습 선생이 아닐까? 자못 기대되기까지 합니다.

하늘로 솟구친 3층 석탑을 바라보다 고개를 돌렸는데, 어찌 된 일입니까? 폐허가 되어 있던 절터에 그 옛날 화려한 용장사의 가람이 우뚝하게 서 있습니다. 층층이 쌓인 축대마다 세워진 수많은 전각과 회랑마다 고운 단청을 칠했고, 기둥 위에는 하늘로 살짝 들어

올린 추녀가 날갯짓하는 모습을 하고, 지붕의 용마루 양쪽에는 뿔처럼 크게 치미(鴟尾)가 솟아 있습니다.

"칠보로 장엄한 황금 궁전은 높이가 천 층이나 되는데 반은 공중에 솟아 있다. 이와 같은 궁전이 층층이 세워져 극락세계에 차 있는데, 전각마다 보배로 된 난간이 일곱 겹으로 둘러 있고, 보배로 만들어진 그물이 일곱 겹으로 둘러쳐져 있으며, 전각으로 통하는 길마다 보배가 달린 나무들이 줄지어 늘어섰다. 그 웅장한 경치를 입으로 말할 수 없으므로 극락이라 하느니라"라고 불경에서는 말합니다. 용장사 터 축대 위에 웅장하고 화려하게 선 전각들은 불경 속 극락에 못지않을 절경입니다. 지상에 세워진 극락 속에 누군가 인기척이 납니다. 역시나입니다! 키가 작고 몸피가 커 보이는데 뚱뚱하다기보다는 땅땅하게 생긴 스님 한 분이 붓과 책을 끼고 나타났습니다. 머리를 깎은 모습이지만 책에서 본 초상대로라면 바로 이분이 김시습 선생입니다.

"거기 멀거니 서서 두리번거리는 처사는 누구인고?!"

말을 걸고 인사를 드리기도 전에 골짜기 가득 울리도록 일갈하는데 그 기세가 여간 아닙니다.

"인사를 드리려고 하였는데 먼저 대갈일성을 발하시니 놀랐습니다. 매월당 김시습 선생님이신지요? 저는 남산 밑에 사는 처사 윤경렬로, 고청이라고도 합니다."

"내가 여기 용장사에 머물 때는 설잠(雪岑)이라 하였지. 세속에서 쓰던 이름이 김시습이고, 청한자(淸寒子), 동봉(東峰), 벽산청은(碧山淸隱), 췌세옹(贅世翁) 등을 썼지만 매월당은 쓰지 않았네. 자네 옛 고에 푸를 청자 쓰지? 참 좋은 호로구나."

"수백 년 전에 돌아가신 분이 어찌 저를 아십니까? 그리고 매월당이란 호를 안 쓰셨다는 이야기는 처음 듣습니다."

"내 육신은 다비를 해 충청도 부여 땅 무량사 부도에 묻혔으나 내 혼인들 부도에 갇히겠는가. 마음 가는 곳이 내 있는 곳이고 내 가는 곳이 내 마음 있는 곳이지. 내 마음 한 자락 두었던 곳이 경주 남산이고 용장사인데 어느 때인들 자네가 남산을 오르락내리락 부지런히 돌아다니는 모습을 보지 않았겠는가. 지금도 꿈에서 나를 만나고 있다지만 어디 꿈과 꿈 아닌 것이 별개이겠는가.

용장사에 머물던 때를 비롯해 스님의 행색을 할 때는 설잠이었지. 석가모니 부처님이 과거 전생(前生)에 계실 때 보살의 도를 닦으셨던 곳이 '설잠'일세. '설잠'을 법호로 한 이유는 망가질 대로 망가진 속세를 넘어 부처님이 이룬 깨달음의 경계에 나 역시 도달하고자 함이었네. '청한자'란 말 그대로 청빈하며 차고 맑은 삶을 사는 이란 뜻이고, '벽산청은'이란 '푸른 산에 숨어 사는 은자'란 뜻이지. '췌세옹'이란 세상에 아무도 쓸데없는 혹부리 같은 노인네란 뜻이지. 모두 세속을 떠나 사는 뜻을 세우며 붙인 이름들이라네. 허나 '매월당'이란 이름은 내 당호(堂號, 거처나 서재에 붙이는 이름)일 뿐 내가 내 글에 쓴 이름은 아닐세. 후세 사람들이 많이 썼지.

내가 이렇게 여러 호를 바꾸어가며 쓴 곡절에 대해서 후세에 나타난 연암 박지원(朴趾源)이란 친구가 아주 멋진 이야기를 지어줬더군. 내가 부처님 전에 참회하고는 속명을 버리고 '설잠'이라는 법호를 쓰려고 하니까 큰스님이 껄껄 웃으면서 "열경(悅卿, 김시습의

자)아, 너는 참 미욱하구나! 이름을 좋아하다니, 육신은 마른나무와 같거늘 나무를 비구라 부르는 것이요, 마음은 식은 재와 같거늘 재를 두타(頭陀)라고 부르는 셈이다. 산은 높고 물은 깊다. 이름은 사용해서 무엇 하느냐?"라고 말했다고 말이야. 진정한 은자라면 속세의 영욕이 달라붙는 이름에 집착하면 안 된다는 뜻을 담아 쓴 이야기였지. 하지만 내가 이렇게 많은 호를 쓴 까닭은 따로 있네. 삶이 바뀔 때마다 그때까지와는 전혀 다른 나를 찾고 싶어서였지. 그래도 연암은 참 훌륭한 문호(文豪)라네. 물론 당연히 나보다야 못하지만 말이야!"[30]

"선생님이 이미 남산에서 저를 보셨다니 뜻밖이다 싶으면서도 연암 박지원 선생의 이야기까지 아시는 걸 보니 그럴 법하구나 싶습니다. 선생님께서 쓰신 『금오신화』에서는 한 몸으로 이승과 저승을 넘나드는 이야기, 꿈과 현실이 구분되지 않는 이야기들이 가득하지 않은지요?"

"자네가 잘 아는구먼. 자네 말처럼 용장사에서 내가 쓴 글들은 속세와 꿈과 내세를 훨훨 넘나드는 사람들의 이야기였지. 머릿속으로 꾸는 꿈으로는 우주 끝까지도 갈 수 있고, 그 크기가 몇천 리나 되는지 알 수 없는 물고기가 되었다가도 구만리 장천을 향해 거침없이 날아오르는 붕새가 될 수도 있지. 우주 바깥에서 바라보면 이 세상에서 일어나는 온갖 시비와 싸움이란 한낱 달팽이 뿔싸움[와각지쟁(蝸角之爭)]에 불과할 것이야."

"『장자(莊子)』「소요유(逍遙遊)」편에 담긴 이야기군요. 선생님께서

30) 심경호, 『김시습 평전』(서울: 돌베개, 2003), 47~51쪽.

노장과 도교에 조예가 깊으셨음을 들었습니다. 하지만 선생님께서는 바로 그 세상의 시비와 싸움이 벌어질 때 옳은 편에 서고도 억울하게 패한 이들 편이셨지 않은가요? 선생님을 일러 생육신(生六臣, 이맹전(李孟專), 조려(趙旅), 원호(元昊), 성담수(成聃壽), 남효온(南孝溫) 그리고 김시습)의 한 분이라 하는데, 어찌하여 노장의 가르침을 따라 속세에서 물러나는 이야기를 쓰셨는지요?"

"내가 쓴 이야기는 단순히 속세에서 물러나기만 하는 이야기가 아니야. 속세에서 물러난다는 것은 그저 회피일 뿐인데, 나는 여전히 세상에 몸담기도 하고 세상을 벗어나기도 하며 왔다 갔다 할지언정 그릇된 세상의 질서를 받아들이지 않겠다는 의지를 담아 여기 금오산에서 쓴 새로운 이야기[금오신화(金鰲新話)]를 엮었던 거지. 내가 금오산에 이르기까지 거쳐온 이야기를 해 볼까?

수양대군과 한명회 일당이 계유정난을 일으켜 단종 대왕을 끌어내리고 충신열사들을 무수히 때려죽이면서 내가 어린 시절부터 배워온 유학의 가르침은 하루아침에 무너져내렸네. 사육신(死六臣)을 비롯한 충신 선배 동료들이 바른 임금을 다시 세우려다 역신으로 몰려 거열형(車裂刑)을 당하고, 충신들을 역신으로 몰아 가혹한 형장을 가하고 마침내 처형한 자들이 득세한 세상 아니었나?

게다가 수양대군은 왕위에 오른 뒤 자기를 도운 역신들을 모조리 공신으로 올렸고, 그도 모자라 자기를 편든 자들이면 누구나 공신으로 삼아 땅과 노비를 마구 나눠주었지. 그렇게 만들어진 공신 가문끼리 피를 섞어서는 대를 이어 부귀영화를 누렸다네. 원로 중신들이 어린 임금을 세워놓고 국정을 농단하여 왕권을 위협하니 부득불 거병하지 않을 수 없었다던 자가 정작 자기 손으로 국정농단을 일삼는 권신 무리를 키웠으니, 수양은 실로 제 손으로 자기 명분을 배반했네.

이런 세상이 곧 왕도(王道) 아닌 패도(覇道)가 판을 치는 세상, 아니 맹자께서 말씀하신 대로 천하무도(天下無道)인 세상 아닌가? 이렇게 개탄스러운 일을 당하였는데 어떻게 공부를 하고 벼슬에 나간다는 말인가? 내가 21살이 되던 해(1455) 단종 대왕께서 강제로 수양대군에게 양위하시던 날, 나는 통곡하며 책을 다 불태워버렸네. 울고 울다가 어지러워서 똥통에 빠졌다네. 남들은 내가 절개를 지키려 일부러 미친 척한다고 했다지만 그때 나는 진짜 미칠 뻔했다네. 내가 어려서부터 그날까지 배운 것이 유학이었고, 어려서부터 글재주로 이름을 떨치게 만들어 준 것도 유학이 아니었나?"

"선생님의 문명에 대해서는 여러 전설이 있습니다. 세종대왕님께 상으로 받은 비단 50필을 어떻게 가지고 갈지 사람들이 걱정했는데, 선생님께서는 그 자리에서 비단 50필을 서로 묶어 길게 잇고는 그대로 질질 끌면서 걸어갔다고 합니다."

"역시 허망한 전설이로구먼. 비단같이 귀한 물건을 길바닥에 끌고 가면 모두 다 찢어지고 망가져 못 쓰게 될 텐데 미쳤다고 그런 짓을 하나? 그래도 내가 5살 답지 않게 전하 앞에서 주눅 들지 않기는 했지."

"선생님의 배포뿐만 아니라 재주도 익히 알려져 있습니다. 태어난 지 여덟 달 만에 글을 알았고, 말을 익히기 전에 천자문을 뗐으며, 3살 무렵 말문이 트일 때 한시를 짓는 법을 배우셨다지요? 저도 경주 유림분들을 통해 한시를 접했는데 글자 수와 대구(對句)를 정교하게 맞추기가 정말 쉽지 않더군요. 그런데 선생님은 3살 때 이런 시를 지으셨다고 하니 놀라웠습니다."

> 桃紅柳綠三春暮 복사꽃은 붉고 버들은 푸르러 삼월은 이미 저물었네.
> 珠貫靑針松葉露 푸른 침으로 구슬을 꿰니 솔잎의 이슬이네.

"덕분에 신동 소리도 들었고, 5세 때 세종대왕 마마 앞에 불려 갔었지. 시험을 맡은 승지 박이창(朴以昌)이란 분이 병풍에 그려진 강변에 접한 정자와 배를 가리키며 시를 지어보라 했는데 그 정도야 쉬운 일이었지.

> 김시습: 小亭舟宅何人在 작은 정자, 배 매인 집에는 누가 사는가?

나중에 들어보니 승지 어른께서 소정주(小亭舟)라는 호를 쓰신다고 들었다네. 본래부터 병풍 속 그림 같은 풍경을 즐겨서 그런 호를 붙이셨는지, 아니면 내 시를 빌려 자기 호로 삼으셨는지는 모르겠지만. 승지 어른이 다시 시를 지으시고는 대구를 지어보라 시험하시더군. 그래서 나도 곧바로 대구를 내놓았지.

> 박이창: 童子之學 白鶴舞靑空之末 동자의 학문이 마치 백학이 하늘 끝에서 춤추는 듯하다.

김시습: 成王之德 黃龍飜碧海之中 어진 임금의 덕이 마치 황룡이 푸른 바다를 뒤엎는 듯하다.

내가 승지 어른에게 한 치도 밀리지 않고 줄줄 시를 읊는 모습을 보고 놀라워하시고 기뻐하시던 세종대왕 마마의 모습이 지금도 눈앞에 선하네. 장차 크게 쓸 재목이니 열심히 공부하라고 당부하고 선물을 내려주신 덕에 '오세(五歲, 5세)'라는 별호를 얻었다네. 탈속했을 때나 환속했을 때나 잊지 못할 평생 자랑이지."

"장래에 집현전을 이끌 인재가 눈앞에 있었으니 어찌 흡족하지 않으셨겠습니까?"

"같은 해에는 이웃집에 살고 있던 예문관 수찬(修撰) 이계전(李季甸)으로부터 『중용』과 『대학』을 배웠고, 이후 13세인 1447년(세종 29)까지 이웃집에 사시던 성균관 대사성 김반(金泮) 스승님에게서 『맹자』·『시경』·『서경』을 배웠고, 성균관 사성 윤상(尹祥) 스승님에게서 『주역』·『예기』를 배웠고, 여러 역사책과 제자백가서는 스스로 읽어서 공부했네. 김반 스승님은 20년을 성균관에만 계시면서 많은 인재를 기르셨고, 윤상 스승님도 포은 정몽주의 제자로 이름을 떨치셨네. 그런데 하필이면 이계전이란 자를 스승으로 모셨을 줄이야! 수양대군이 왕위를 찬탈하는 데 힘을 보태 일등공신이 되고, 사육신들이 수양대군을 벌하려 할 때도 수양대군을 도와 또다시 공신이 되고 병조판서가 된 자가 이계전일세. 스승이 아니라 역적이 되어서는 충효와 의리를 말하며 어린 왕을 죽이는 일에 동참했지. 도대체 무엇을 믿고 따라야 한단 말인가?

미칠 듯한 괴로움 속에서 나는 유학에서 말한 출처(出處)와 진퇴

(進退)를 떠올렸네. 남자가 이 세상에 태어나 도를 행할 수 있는 상황이라면 제 한 몸을 깨끗이 한다면서 인륜을 어지럽힘이 부끄럽지만, 도를 행할 수 없다면 홀로 자기 자신만을 선하게 수양함이 옳다 여겼네. 속세 바깥을 떠다니며 북송의 도사 진단(陳摶)이나 당나라 도사 손사막(孫思邈)의 풍모를 사모하여 그들처럼 도사의 행각으로 살까 했으나 우리나라에는 아직 그러한 풍속이 없어 주저하였네. 그러다 어느 날 저녁, 만일 장삼을 걸치고 산사람[산승(山僧)]이 된다면 소원을 풀 수 있으리라고 깨달았다네.[31]

김시습 선생이 21세 때인 1455년, 수양대군이 김종서와 황보인을 비롯한 원로 대신들을 참살한 데 이어(계유정난(癸酉靖難) 마침내 단종을 몰아내고 왕권을 찬탈하고 맙니다. 이 소식을 들은 선생은 스스로 머리를 깎고 승려가 되어 전국 각지를 명산과 대찰을 떠돌아다녔습니다. 떠돌이 생활에도 대범한 배포는 여전하여, 사육신이 거리에서 거열형(車裂刑, 사지를 말이나 소가 끄는 수레에 매달아 사방으로 찢어 죽이는 형벌)으로 처형된 날 밤 도성 안팎의 모든 백성이 서슬푸른 세조의 기세에 벌벌 떨고 있을 때 선생은 아랑곳하지 않고 사육신의 시신을 수습하여 노량진에 임시로 묻어주었다고 합니다. 사육신 사건 이후 선생은 관서(關西, 평안도)와 관동(關東, 강원도 영동), 호남을 두루 돌아다니며 역사의 고적을 찾고 산천을 보면서 많은 시를 짓습니다. 31살이 되던 해(1465) 봄에는 경주로 내려가 남산 용장사에 머물렀는데, 이곳에서 31세(1465) 때부터 37

31) 심경호, 위의 책, 144쪽 재인용.

세(1471)까지 우리나라 최초의 한문 소설로 불리는 『금오신화』를 비롯한 작품들을 집필합니다.

"스님이 되어 이곳저곳 다니다가 31살에 용장사에 들어가 봄여름을 보냈지. 그때 분황사에서 원효 스님의 행적이 담긴 화쟁대사비(和諍大師碑)를 보고 크게 깨달았었네. 원효 스님은 아름다움과 추함, 옳고 그름, 맑음과 탁함을 가려가며 불법을 전하지 않았어. 오직 모든 중생을 제도하기 위하여 어떤 모습으로든 자유자재로 변하여 불법을 전하였지. 광대의 모습으로든, 막일꾼의 모습으로든, 그리고 과부 요석공주를 위해서 제 몸을 불살라 파계하여 설총 선생을 얻기까지 했던 일이든."

"사실은 산너머 칠불암에서 원효 스님을 뵙고 여기까지 내려온 길입니다. 선생님께서 원효 스님을 통해 깨달음을 얻으셨다고 하니 새삼스럽습니다."

"원효 스님이 남긴 깨달음을 따라 나도 아무 속박도 받지 않는 불기(不羈)의 삶을 살겠다고 결심했다네. 하지만 돌아보면 세상일을 잊는 데도 과감하지 못하였고, 탈속했다가 탈속한 자리에서 세상을 들여다보고, 환속한 곳에서는 또다시 세상 너머를 바라보기를 거듭했네. 탈속한 곳에서 곳에서든 사람의 마음을 억누르고 자기답게 살지 못하게 만드는 일들은 너무나 많았네. 유학의 본의를 실천하지도 않았을 뿐 아니라 모조리 배반한 자들이 유학의 이름 아래 권력으로 횡포를 부려 충성과 절의를 강요하니 위선자들이 나오기만 할 뿐이었네. 노자가 말한 대로 '큰 도가 폐하니 인과 의가 생기고

[大道廢 有仁義] 나라가 어지러우니 충신이 나오는[國家昏亂 有忠臣]'(도덕경 18장) 격이지. 불교 역시 수양대군이 열어준 법회나 불사를 쫓아다니며 콩고물 얻어먹기에나 바빴다네.

부처님 법대로 산다는 자들이 부처님이 아니라 수양대군 법대로 살면서 보신하고 아부하며 수양대군을 생불처럼 떠받드니 이게 권세 있는 자들에게 빌붙는 어용(御用)이 아니고 무엇인가? 물론 나도 효령대군 자가의 권유를 받아 불경을 언문으로 옮기는 사업[佛經諺解事業]에 잠시 몸을 담기도 했지만, 어디까지나 백성들이 부처님 법을 쉽게 익히고 깨달음에 이르기를 바랐을 뿐이었네. 그래서 수양대군이 원각사인지 뭔지 하는 절이 낙성식을 치른다며 나를 초대하자, 난 옛날처럼 똥통에 빠져 그 자리에 가는 일을 피해버렸네.

나는 현실의 모든 압박에서 벗어나고 싶었고 어떤 학문이나 교파에 묶이기도 싫었네. 유학이든 불교든 도교든 모두 자기 마음을 기르는 일에 닿아 있고, 도(道)는 본래 하나이되 각자 다른 형태로 나타날 뿐이네. 그것을 유학 특히 성리학에서는 '리일분수(理一分殊)'라고 말하는데 '이치는 하나이되 나타나기는 만물에 각자 다르게 나타나는' 것을 뜻하네. 이는 다시 불교에서 말하는 '월인천강'의 비유와 닿아 있지. 하나의 달[月]이 떠 있으되 천(千) 개의 강(江)에 비치지[印] 않는가?

마찬가지로 도가에도 마음을 길러 자기 본연의 모습을 찾는 공부가 담겨 있고, 그 공부는 바로 내 몸에서 이루는 수련일세. 그래서 『도덕경』의 독후감을 담은 시도 썼고, 도교에서 가르치는 양생

술(養生術)과 단약(丹藥) 만드는 법, 검법 등을 스스로 수련하고 남들에게 전하기도 했지. 하지만 양기(養氣)를 수련했으되 인위를 동원해 수명을 늘리는 증익(增益)은 하지 않았네. 장자가 "늘 저절로 그러함에 따를 뿐 인위로써 생명을 늘리고 더하려 하지 않는다"라고 하지 않았는가?

그리고 내가 사는 현실을 부정하고 현실 바깥으로 나가려고도 하지 않았네. 유학에서 왕도가 이뤄지는 곳은 지금 여기이며, 불가에서 말하는 견성성불(見性成佛) 역시 지금 여기서 이뤄지는 일이며, 도교의 수련을 통해 선인의 경지에 이르는 일 역시 지금 여기 내 몸에서 이루어지는 일일세. 망가진 현실을 벗어나 회피하는 사람이 아니라 그런 현실을 직시하고 현실 안에 살면서도 자유로움을 누리는 대인(大人)이 되고 싶었네. 어찌하여 도가에 몸을 담았는지 이야기하려다 빈말이 많았네. 듣기 힘들지 않았는가?"

"아닙니다. 선생님은 글만 잘 쓰시는 게 아니라 말씀도 청산유수이십니다. 실로 도가 흐르는 흐름 그대로라고 생각했습니다. 『금오신화』의 이야기가 오늘날 읽어도 지루함 없이 재미있게 읽히는 이유도 선생님이 도에 통하셨기 때문이 아니겠습니까? 한 가지 도에 깊이 통하면 다른 도에도 통하는 법이니까요. 저도 그저 토우인형 하나 만드는 일을 배웠을 뿐인데 배움이 깊어지니 우리나라 토우에 담긴 아름다움이 어디서 왔는지 그 뿌리를 찾고 싶어졌고, 아름다움을 낳은 뿌리를 찾다 보니 고구려와 백제가 가졌던 아름다움을 모두 아울러 하나로 만든 신라의 아름다움에 이르렀습니다. 아름다움을 찾아 신라의 옛 수도 서라벌로 내려왔고 서라벌에서는 남산 골골이 흩어진 무수히 많은 부처님과 탑을 조사하고 살펴보느라 세월 가는 줄도 몰랐습니다. 사랑하면 알게 되고 알게 되면 보인다는 옛말 그대로였습니다."

"처사도 말을 참 잘하는구먼. 그래, 처사 말대로 도는 하나로 이어져 있으니 여기서 통하면 저기서도 통하는 법일세. 도에 깊이 통하면 내 삶이 저절로 도와 통하여 도를 따르게 되니 공자께서 말씀하셨듯이 마음 가는 대로 행하여도 법도에 어긋나지 않는[從心所欲 不踰矩] 경지가 아니겠는가? 그런데 도가 통하지 않고 이루어지지 않으며 보이지도 않는 세상에서는 어찌 살아야 하겠는가? 굴원(屈原)이 〈어부사(漁父詞)〉에서 말했듯 세상에 도가 사라져서 '온 세상이 모두 흐린데 나 홀로 맑고, 온 세상이 모두 취했는데 나 홀로 깨어 있다'라면 말일세.

굴원은 "내가 듣기를, '새로이 머리를 감은 사람은 관을 털어 머리에 얹고, 새로이 몸을 씻은 사람은 반드시 옷을 털고 걸친다'라고 했소. 그러니 어찌 청결한 몸에 더럽고 지저분한 것을 받을 수 있겠소? 차라리 상강 흐르는 물에 몸을 던져 물고기의 배 속에 묻히는 것이 훨씬 나을 것이오. 어찌 깨끗하고 흰 내가 세속의 더러운 티끌과 먼지를 뒤집어쓸 수 있겠소?"라고 말하고는 돌을 껴안고 멱라수 강물에 몸을 던져 스스로 목숨을 끊고 세상과 작별했지.

하지만 나는 세상이 어떻게 망가졌는지 두 눈 똑바로 뜨고 들여다보려고 하였어. 단종 대왕께서 양위하셨다는 소식을 듣고 통곡하며 책들을 다 태워버렸을 때, 나는 충효니 인의니 하는 가치들이 땅에 떨어진 세상, 버려버리고 싶을 만큼 망가진 세상 앞에서도 그런 세상을 죽기 전에는 버릴 수도 떠날 수도 없는 내 마음 안에서 일어나는 슬픔과 아픔을 느꼈지. 내가 배운 왕도정치와 대동사회의 꿈을 이 세상에서는 절대 이룰 수 없으리라는 절망이었네.

그러나 절망하고 슬퍼하고 아파해도 꿈조차 꾸지 말라는 법은 없어. 슬픔과 아픔이 깊을수록 꿈은 달콤하고, 꿈이 달콤할수록 깨어났을 때 다시 느끼는 슬픔과 아픔도 짙은 법이야. 하지만 그 슬픔과 아픔이 다시 새로운 꿈을 꾸게 하고, 꿈조차 꾸지 말라고 윽박지르는 어지러운 세상에 저항하게 하고, 그릇된 질서에 순응할 수만 없다는 마음을 불러일으키지. 슬픔과 아픔과 꿈과 저항을 여기 용장사에서 붓끝에 담아 꾹꾹 눌러쓴 글이 『금오신화』였어. '신화'라고 하나 당대 명나라의 『전등신화(剪燈新話)』와는 또 다른 이야기야. 『전등신화』는 나도 재미있게 읽은 책이지만, 나는 그 책을 따라 쓴 글이 아니라 이 땅에서 살았던 이 나라 사람들 이야기를 쓰고 싶었네.

「만복사저포기」는 남원의 노총각 양생(梁生)이 어느 처녀와 사랑하다 실은 이 처녀가 이미 죽은 혼령임을 깨닫고는 지리산으로 들어가 소식을 끊었다는 이야기라네. 죽은 사람의 혼이 돌아오는[환혼(還魂)] 이야기지.

「이생규장전」은 이생과 최랑(崔娘) 두 남녀가 사랑하는 이야기지. 최랑이 먼저 이생에게 구애하여 사랑하고, 부모의 반대로 헤어지지고 상사병을 앓지만 끝내 결혼하고야 말지. 하지만 곧 홍건적이 쳐들어오는 바람에 다시 헤어졌으며 피난 도중 최랑은 도적떼에게 수치를 당하지 않기 위해 오히려 도적을 욕하고 도발하여 도적에게 죽임을 당한다네. 홍건적의 난이 끝나고 집에 돌아온 이생에게 최랑의 혼이 나타나자 이생은 아내가 귀신임을 알아도 도저히 보낼 수 없어 몇 년을 더 같이 살지. 그러나 최랑의 혼은 끝내 저승으로 돌아가고, 이생은 아내의 뼈를 찾아서 묻어준 다음 자기도 병을 앓다 최랑의 곁으로 가네.

「용궁부연록(龍宮赴宴錄)」에서는 한생(韓生)이란 이를 그렸지. 나처럼 글솜씨가 뛰어나다고 알려진 사람인데 어느 날 개성 천마산 박연폭포 속에 사는 용왕에게 초대를 받아 용궁의 상량문을 지어 올리게 되지. 용왕은 한생의 글재주를 칭찬하고 큰 잔치를 열어 후히 대접하고, 용궁 구경을 시켜주고 각종 진귀한 보물을 선물해 도로 세상으로 돌려보내는데 사실은 이게 다 꿈이었네. 꿈에서 깨어난 한생은 집안 살림을 모두 정리하고 산으로 들어가 다시는 모습을 드러내지 않네.

"한생은 선생님에, 용왕은 세종대왕 마마에 빗댈 수도 있겠군요?"

"생각해보니 틀린 말은 아니구먼. 마음속에 묻혀 있던 그때 그 기억이 용궁부연록을 쓰면서 저절로 풀려나온 모양일세. 환상 속에서 모든 고통이 소멸한 기쁨을 온갖 시문으로 노래하는 글일세."

「취유부벽정기」는 송경(松京)에 사는 젊고 잘생긴 상인 홍생(洪生)이 술을 마시고 평양 부벽루에 올라갔다가 한 미인을 만나 시를 주고받으며 노는 이야기야. 미인은 홍생에게 자기는 기자조선의 마지막 임금 준왕의 딸 기랑(箕娘)이라고 소개하네. 아버지 준왕이 위만에게 나라를 빼앗기자 자살하려 했는데, 이 나라를 세웠고 수천 년을 살다가 신선이 되었다는 노인이 자기를 하늘로 인도하여 천녀로 삼았다고 말하지. 둘은 서로에게 연정을 품었지만, 홍생은 이승 사람이고 기랑은 천계에 속했으니 이어질 수 없었지.

기랑을 천계로 떠나보낸 홍생은 줄곧 기랑만 그리다가 꿈에서 만난 미인이 "아가씨께서 선비의 재주를 상제(上帝)께 아뢰었더니 상제께서 선비님을 견우성 막하의 종사관으로 삼으셨습니다"라는 말을 듣고는 자리에서 일어나 목욕재계하고 옷을 갈아입고는 자리에 누웠다가 그대로 세상을 떠나지. 죽고 나서도 시체가 살아 있는 사람처럼 말끔했기에 사람들은 홍생이 신선의 부름을 받아 육신은 버리고 혼백만 하늘로 올라가 신선이 되었다고[시해(尸解)] 믿게 되었네.

> "이 나라를 세우고 수천 년을 살았다가 신선이 되었다는 노인은 단군이겠지요?"
> "그렇지. 일연 스님이 『삼국유사』에서 단군 이야기를 남기신 데 착안하였네. 평양은 단군뿐만 아니라 고조선과 고구려가 도읍으로 삼았고 고려에서도 개경에 버금가는 도성으로 삼지 않았던가. 아름다운 풍경 속에 담긴 우리나라 역사를 노래한 글이기도 하지."

「남염부주지」는 경주에 사는 박생(朴生)이 등장하네. 높고 강직한 뜻과 훌륭한 인품을 가져 모두에게 칭찬을 받았지. 박생은 유학(儒學)으로 대성하겠다는 포부를 지니고 열심히 공부하였으나 과거에 계속 실패했다네. 귀신, 무당, 불교 등의 이야기에 대하여 의심하면서도 스님들과 친하게 지내고, 그러면서도 한편으로 이단에 빠지지 않으려고 경전을 읽고 글을 쓰며 자기 뜻을 더욱 확고하게 다지려 했네. 어느 날 꿈속에서 박생은 저승사자에게 인도되어 염부주(炎浮洲)라는 별세계에 이르러 염왕(閻王)과 다방면에 걸쳐 토론하지.

염부주를 지배하는 질서는 이승의 유학도 불교도 도교도 무속도 아닐세. 그리고 염왕은 한자를 지은 창힐, 석가모니, 공자를 모두 목격한 인물이니 이승의 학문과 종교는 넘어선 존재지. 박생이 염왕에게 세상에서 이단이라고 하는 가르침에 대하여 비난하는 내용에 대해 질문하고, 염왕은 박생의 질문에 대해 세상에서 정통이라고 하는 유학의 가르침으로 답변하네. 둘은 이단에 대한 비난으로 출발해 유학을 통해 이단이 가진 본의를 해명하고, 마침내 유학과 이단 모두 근원에서는 하나로 만난다는 결론에 도달하네. 이를 알아야 참된 군자이며 군자라야 염부주를 다스릴 수 있다고 염왕은 박생에게 말하지.

염왕과의 토론을 통해 박생은 유학과 불교와 도교를 비롯한 이승의 학문들 사이 경계를 넘고 모두를 하나로 아우르는 눈을 얻었네. 원효 스님이 서로 뜻이 달라 싸우는 주장들을 하나로 아우르는 '화쟁'을 말씀하신 뜻과도 같아. 박생은 여러 학설 가운데 확실한 신념을 얻지 못해 고민하고 의심하고 궁구하던 선비야. 박생의 고민이 곧 나의 고민이고 그가 꿈속에서까지 고민하던 문제들이 풀리는 곳이 염부주고. 박생이라는 사람을 통해 나는 그때까지 고민해 온 문제를 신화(新話)라는 글로 풀어놓았던 셈일세.

염왕은 박생의 참된 지식을 칭찬하고 그 능력을 인정하여 왕위를 물려주겠다며 선위문(禪位文)을 내려주고는 세상에 잠시 다녀오라고 말하네. 박생은 꿈에서 깬 다음 가산을 정리하고 조용히 지내다가 병이 들게 되네. 그는 의원이나 무당을 불러 병을 고치지 않고 조용히 죽었는데, 그가 죽은 날 밤 동네 사람들의 꿈속에 신인(神人)이 나타나 "그대 이웃집 박생이 장차 염라대왕이 될 것이오"라고 일러주면서 이야기는 끝나네.

"혼이 돌아오는 이야기나 꿈속에서 저승과 이승을 오고 간다거나 사람이 귀신과 사랑하는 이야기는 모두 그때 조선에 없던 기이한 이야기였겠습니다. 사람들이 대단히 신기해하며 읽었겠습니다. 게다가 선생님 같은 분이 패관(稗官)처럼 이야기를 꾸며 쓰셨다고 하면요."

"읽어보면 재미도 있고, 뭉클하기도 하고 눈물도 날 걸세. 모두 우리처럼 흠도 많고 탈도 많고 희로애락을 겪고 사는 그저 보통 사람들의 이야기니까. 내가 쓴 이야기에 등장하는 이들은 모두 슬픔과 아픔과 고민을 끌어안고 있네. 그들이 사는 세상은 모두 망가져 있지. 서로 사랑해도 헤어져야만 하고, 바르고 평화로운 세상을 아무리 꿈꿔도 이루어지지 않네.

하지만 내 이야기가 모두 죽음이나 입산으로 끝나도 그게 끝은 아니야. 운명이 아무리 어떤 횡포를 부려도, 죽음이나 헤어짐이 서로 사랑하는 남녀의 마음이나 이상을 희망하는 마음을 꺾지는 못해. 무엇인가를 열망하는 마음이 현실을 넘어서는 꿈을 꾸게 만들지. 꿈속에서라도 인륜이 회복되고 이상이 이뤄지는 거야."

"선생님이 쓰신 신화를 오늘날에는 소설(小說)이라고 합니다. 춘추전국시대 패관들이 모아 쓰던 이야기들을 소설이라고 불렀다지요? 그 이름에서 따왔습니다. 그리고 선생님의 신화 속에 등장하는 세상으로부터의 벗어남, 이루지 못한 사랑에 대한 슬픔과 외로움과 서글픈 마음을 읽는 사람들도 함께 느끼는데, 이를 일러 오늘날 말로는 '감정이입'이라고 한답니다. 멀리 서역 말로는 '카타르시스'라고도 부른답니다. 선생님이 쓴 글을 읽고 자기 마음속에 맺힌 것이 해소된다고 해서요."

"내가 자네를 이미 오늘날 남산에서 보았듯이 서양에서 쓰는 꼬부랑말도 저 세상에서 읽고 듣고 써 보았지. 카타르시스는 나나 자네나 내가 살았을 무렵 조선 사람뿐만 아니라 인류라면 모두가 가지는 감성이지. 감성은 보편이지만 이를 불러일으키는 길은 다양한 법이지. 나는 『금오신화』를 통해 각양각색의 학문과 삶의 배경을 지닌 이들이 각자의 특수한 사연과 환경을 안고 그들만의 이야기를 만들어가는 과정을 통해 다양성을 찾았네. 그리고 설령 충과 인의라는 가치를 추구한 삶이 꺾였다고 해도 내 삶 전체가 부정되지는 않네. 나는 유학과 불도와 도교에 이어 패관에 이르기까지 다양한 방법으로 내 삶의 의미와 가치를 새롭게 채워보려 했었네. 바로 이곳 용장사에서 말일세. 내가 여기서 7년을 보냈으니 어찌 잊겠는가? 게다가 저 산봉우리 위 석탑을 보게. 얼마나 호쾌한가? 남산뿐만 아니라 이 나라에서 가장 큰 석탑이야."

용장사 터에서 주변을 둘러보면 동쪽 청룡 산줄기 바위산 위, 구름이 걸릴 듯 가장 높은 봉우리에 3층 석탑이 푸른 하늘을 배경 삼아 서 있습니다. 석가탑을 닮은 여러 신라 석탑들과 다르지 않은 단정한 생김에, 밑바닥 기단에서부터 3층 지붕까지 4.5m쯤 되는 탑인데, 김시습 선생은 저 석탑이 우리나라에서 가장 큰 석탑이라고 하시니 무슨 영문일까요?

"어찌하여 저 석탑이 이 나라에서 가장 큰 석탑이라고 하십니까?"

"잘 살펴보게! 이 석탑이 어디에 올라앉아 있는지 말이야. 바위산 전체가 석탑을 모신 기단이 아니냐 말이야. 바위산 위에 곧바로 상층 기단을 쌓고 몸돌과 지붕돌을 얹어 부처님을 모신 탑을 쌓았으니, 탑 아래 바위산은 곧 부처님이 계신 산인 수미산(須彌山)에 빗댈 수 있어. 8만 유순(由旬)이나 되는 수미산 정상에는 불법의 수호신 제석천이 있으며 그 중턱에는 사천왕이 지키고 있지. 상층 기단은 수미산 위 도리천이 되고 그 위층들은 푸른 구름 위 여러 부처님의 나라로 이어지는 거야. 이렇게 호쾌한 탑을 조선 천지 어디서 찾을 수 있겠나?"

"선생님 말씀을 듣고 보니 이렇듯 작은 탑 하나로 용장사와 푸른 하늘을 이어 이 골짜기 어디서도 탑을 보며 감격할 수 있게 한 재주는 누가 부렸을지 참 신묘합니다. 이 재주는 손끝이나 잔꾀로 낼 재주가 아니라 오직 높고 맑고 환한 깨달음의 세계를 구하고 환희심에 잠기려는 보리심에서 나올 재주겠지요.

그리고 이처럼 주변에 펼쳐진 바위산과 남산 전체를 석탑의 기단으로 삼은 솜씨는 자연 속 풍광을 빌려와 용장골 전체가 석탑을 둘러싼 정원이 되도록 하는 것이니 이른바 '차경(借景)'이란 기법입니다. 이는 우리나라 정원에 많이 나타나는 조경기법이기도 하지요. 반면 제가 가서 본 일본의 정원들은 정원 안에 자연경관을 모두 축소해 배치하는 기법을 구사하는데 이를 '축경(縮景)'이라 합니다."

"일본 정원 이야기도 신기하군. 석탑만 아니라 석조여래좌상도 보게나. 역시 용장골 전체를 기단으로 삼고 있지 않은가 말이야. 이 부처님도 3층 석탑처럼 용장골 전체를 정원으로 삼고 바위산 전체를 대좌로 삼았니 그 풍모가 장하다네. 부처님의 상을 세운 바위산은 수미산에, 쟁반 모양 대좌를 지탱하는 하대석은 수미산 정상에, 첫 번째 쟁반 모양 대좌는 제석천이 계신 도리천(忉利天), 중간 대좌는 야마천(夜摩天), 마지막 3층 대좌는 바로 미륵보살이 계신 도솔천에 빗댈 수 있어."

바위 위에는 연꽃을 돋을새김한 둥그런 쟁반 모양 대좌를 마치 석탑의 지붕돌처럼 3층으로 쌓아 올렸고 그 위에 앉은 자세로 계신 부처님을 모셨는데, 안타깝게도 이 부처님은 목이 부러진 상태로 머리는 어디론가 사라졌습니다. 일제강점기였던 1923년 봄에 대좌에서 굴러떨어져 있던 부처님을 제자리에 모셨는데, 9년 뒤 1932년에 또다시 넘어지고 무너져 그해 11월에 복구했다고 합니다. 1932년에 복구했을 때 이미 목이 부러져 있었고 3층 대좌는 거꾸로 놓여 있었기 때문에 1923년과 1932년 사이에 한 번 더 넘어진 것으로 보입니다.

머리가 없어진 이 부처님이 어떤 분이신지는 의견이 분분합니다. 이분이 바로 대현 스님이 날마다 모시고 예배했던 미륵부처님이라고도 하고, 누군지 모를 큰스님의 상을 세워놓았다고도 봅니다. 대현 스님이 모신 부처님이 이분이라면, 이 부처님은 신라 경덕왕 때인 8세기 중엽에 세워졌을 것입니다. 그러나 머리가 없으므로 부처님의 이름도 양식도 지금은 알 길이 없습니다.

"아쉽게도 지금은 머리가 부러져 있으니 원. 그래도 내 생각에는 아마 이 부처님이 신라 시절 대현 스님이 모신 부처님이 아닐까 싶어. 대현 스님에 대한 『삼국유사』의 기록에서는 미륵부처님의 높이가 열여섯 자(4m)라고 하였는데, 이 머리 없는 부처님의 높이가 쟁반 모양 3층 대좌까지 합하면 딱 열여섯 자니 아마도 바로 그 미륵부처님일 거야."

김시습 선생이 말하는 미륵보살은 불교에서 미래불로 믿고 받드는 보살로, 미래에 성불하리라는 약속을 받아 부처가 되기로 예정된 존재지만 현재는 도솔천에 머물면서 천인들을 위해 설법하고 있다고 합니다. 부처가 되기 이전이기 때문에 보살이라고 부르지요.

『미륵상생도솔천경(彌勒上生兜率天經)』에 따르면 미륵보살은 도솔천에 머물러 4,000세를 살며 인간의 나이로 56억 6,700만 년을 보낸 뒤 지상에 내려와 성불한다고 합니다. 그때 이 지상의 국토는 풍요롭고 청정하며 모든 복과 덕을 갖추고 있어, 미륵부처님은 첫 모임에서 96억의 사람을 제도하고, 두 번째 모임에서는 94억, 세 번째 모임에서는 92억의 사람을 제도하여 그들을 모두 아라한[성자(聖者)]이 되게 하고 8만 4,000세를 살다가 열반에 든다고 기록합니다. 이런 미륵부처님을 모셔놓은 공간은 곧 미래에 도래할 부처님의 나라 -불국토로 예비하여 둔 공간이 됩니다.

"이처럼 장엄하고 아름다운 절에서 7년을 보내시면서 또 무엇을 하셨는지요?"

"여러 글을 모아 엮어서 내기도 하고, 서라벌 여기저기의 절과 절터와 유적들을 많이 돌아다녔지. 무너진 안압지 연못가에는 보리가 패이고, 서라벌 읍내 이곳저곳에 동산처럼 솟아오른 신라 무덤가에는 풀이 무성한데 봉황대 옆에는 아름드리나무가 자라났지. 아까 이야기한 분황사 원효 스님 비석도 이때 보았고 원효 스님을 본받아 삼교를 회통하고 어디에도 묶이지 않는 삶을 살겠다고 뜻을 세웠던 거야. 그래서 어디에도 매이지 않는 꿈을 한껏 꾸어 보고는 꿈결에 만난 이야기들을 풀어놓은 게 『금오신화』였지. 그런데 『금오신화』 속 기랑이나 최랑처럼 나도 처사와 헤어져야 할 때가 된 것 같네. 자네도 속히 여기서 내려가 보게. 갈 길이 더 남아 있지 않은가?"

돌연히 축객령을 내리는 김시습 선생에게 의아해하다 주변을 살펴보니 어느새 모든 전각은 홀연히 사라졌고 눈앞에는 열한 계단 축대와 빈터만 남았습니다. 『금오신화』 속에서 등장하는 주인공들이 사라진 환상 앞에서 망연자실하듯, 저도 망연히 허공과 주위를 두리번두리번 살펴보다 용장골에서 하산하는 길로 향합니다.

김시습 선생의 후일담은 이러합니다. 평생 결코 인정할 수 없었던 세조와 그 아들 예종이 죽고 성종이 왕위에 오르자, 김시습 선생은 1471년(성종 2) 37살로 서울에 다시 올라와 10여 년 동안 성동(城東) 폭천정사(瀑泉精舍), 수락산 수락정사(水落精舍) 등을 왕래하며 생활했다고 합니다. 47살이 되던 해에는 갑자기 머리를 기르고 고기를 먹고 아내를 새로 맞이하여 대를 이으려 하는 등 환속 생활을 시작했지만, 아내 안씨가 일찍 세상을 떠난 데다 이듬해에는 폐비 윤씨사건(廢妃尹氏事件)이 일어나자 다시 관동지방으로 떠나 그곳 청년들을 가르치기도 하고 시문을 지으며 유유자적하게 지냅니다.

이처럼 방랑과 탈속과 환속과 문필로 이어진 김시습 선생의 일생을 『한국민족문화대백과사전』에서는 다음과 같이 정리합니다.

> "10대에는 학업에 전념하였고, 20대에 산천과 벗하며 천하를 돌아다녔으며, 30대에는 고독한 영혼을 이끌고 정사수도(靜思修道)로 인생의 터전을 닦았고, 40대에는 더럽고 가증스러운 현실을 냉철히 비판하고 행동으로 항거하다가 50대에 이르러서는 초연히 낡은 허울을 벗어 버리고 정처 없이 떠돌아다니다가 마지막으로 찾아든 곳이 충청도 홍산(鴻山) 무량사(無量寺)였다. 이곳에서 1493년(성종 24) 59세의 나이로 병사하였다. 유해는 불교식으로 다비(茶毗)를 하여 유골을 모아 그 절에 부도(浮圖)로 안치하였다. 그는 생시에 이미 자기의 초상화인 노·소(老少) 2상(二像)을 손수 그리고 스스로 찬(贊)까지 붙여 절에 남겨두었다고 하나, 현재는 『매월당집』(신활자본)에 「동봉자화진상(東峯自畫眞像)」이 인쇄되어 전한다."

10. 서남산 자락을 걸어가면

용장골을 벗어나 서남산 자락을 끼고 경주 시내 쪽으로 올라가는 길은 신라라는 한 나라가 탄생하고 멸망에 이르기까지의 여정을 되짚는 길입니다. 신라의 시조 박혁거세 거서간이 탄생한 나정에서부터, 신라를 사실상 멸망에 이르게 했던 견훤의 신라 침공의 현장인 포석정에 이르기까지 서남산은 신라의 역사를 함께 했습니다. 이 글 속에서 고청 선생은 서남산 둘레를 따라 배동 삼릉과 포석정을 걷습니다. 삼릉과 포석정 사이에는 평범하고 수더분한 보통 사람의 얼굴을 닮은 세 분 부처님[삼존불(三尊佛)]이 계시고, 신라 망국의 현장 포석정에서 북쪽으로 올라가는 길에는 언덕배기 위로 창림사 터 3층 석탑이 위엄 있게 솟아 있고 더 위로 올라가면 신라 천년 역사가 시작된 곳 나정이 있습니다. 나정 곁에는 신라에서 가장 오래된 절이었다는 남간사 터가 있고, 남간사 터에서 다시 북쪽으로 올라가 큰길을 건너면 김유신의 청년 시절 이야기가 담긴 천관사 터가 있습니다.

배동 삼릉은 삼릉계곡 입구 큰길가에 빽빽이 우거진 소나무숲 속에 자리 잡고 있습니다. 서남산 자락에 동서로 세 왕릉이 나란히 있어 '삼릉'이라 불리지요. 서쪽으로부터 각각 신라 제8대 아달라이사금, 제53대 신덕왕, 제54대 경명왕 등 박씨 임금 세 분이 모셔져 있다고 합니다. 그런데 8대 아달라이사금에서 53대 신덕왕, 54대 경명왕까지는 7백 년이 넘는 시간 차이가 있습니다. 수백 년 차이를 두고 즉위한 임금들의 무덤이 왜 같은 자리에 있다고 했을까요? 게다가 아달라이사금을 모신 무덤이 어디 있는지는 『삼국사기』

나 『삼국유사』에도 기록이 없습니다. 아달라이사금의 먼 후손인 신덕왕에 대해 『삼국사기』에서는 죽성(竹城)에 장사지냈다고 하고, 『삼국유사』에서는 화장해 잠현(箴峴) 남쪽에 묻었다고 하였습니다. 신덕왕의 맏아들인 경명왕 역시 『삼국사기』에서는 황복사(黃福寺) 북쪽에 장사지냈다고 했는데, 『삼국유사』에서는 황복사에서 화장해 성등잉산(省等仍山) 서쪽에 뼈를 뿌렸다고 기록합니다. 황복사의 경우 선덕여왕릉과 사천왕사가 있는 낭산 기슭에 세워진 절이니 역시 배동 삼릉과는 멀리 떨어진 곳이지요.

이처럼 신덕왕과 경명왕을 모신 무덤의 위치가 모두 분명하지 않은데다 삼릉과는 멀리 떨어져 있고, 7백 년이나 차이가 나는 아달라이사금과 신덕왕, 경명왕의 무덤이 한곳에 모여 있다고 보기 어렵다면, 삼릉은 과연 세 분 임금의 무덤이라고 말할 수 없을까요? 어떤 사람은 그렇다고 주장합니다. 다소 뜬금없어 보이지만 아주 이유 없지는 않습니다. 이는 세 분 임금은 모두 박씨 임금이고 신덕왕은 아달라이사금 이후 800년이 넘는 세월을 지나 다시 나타난 박씨 임금이었다는 데 있습니다. 그래서 박씨 임금의 조상 중 하나인 아달라이사금의 능 옆에 신덕왕과 경명왕의 능을 썼다는 이야기지요. 하지만 역시 『삼국사기』나 『삼국유사』의 기록과는 들어맞지 않습니다. 『삼국사기』나 『삼국유사』에서 말한 대로라면 신덕왕과 경명왕 모두 삼릉에서 먼 곳에 능을 세웠을 텐데, 여기 삼릉이 신덕왕과 경명왕의 능이라고 하면 이미 세웠던 능을 파묘하고 아달라이사금 옆으로 이장했다는 뜻이 됩니다. 망국을 앞두고 서라벌 일대를 겨우 다스리던 신라에 왕릉 두 개를 이장할 여력이

나 명분이 있었을까요? 그래서 이 무덤이 박씨 임금 세 분을 모셨다는 이야기는 역사보다 전설로 봐야 하겠습니다.

삼릉은 형식상으로도 모두 똑같이 굴식 돌방무덤입니다. 외형은 흙을 둥글게 쌓아 만들었으니 말 그대로 원형봉토분입니다. 규모는 통일신라 왕릉과 비슷하나 아무런 장식이나 석조물이 없습니다. 능 앞에 놓인 상석 3개도 모두 박씨 종친회에서 만들어 모셔둔 것입니다. 그런데 무덤을 지은 방식을 알게 된 계기는 얄궂게도 도굴꾼들 때문이었습니다. 신덕왕릉으로 알려졌던 무덤은 1935년과 1963년 두 차례에 걸쳐 도굴을 당했습니다. 무덤을 복구하기 위해 조사하는 과정에서 내부구조는 통일신라 시대 무덤에서 나타나는 굴식 돌방무덤임을 알게 되었습니다. 무덤 내부 평면은 사각형에 가까우며, 시신을 안치하는 널방은 자연 그대로의 돌덩이를 쌓아올려 아치형[궁륭형(穹窿形)이라고도 합니다] 천장으로 만들었습니다. 널방의 남쪽 벽 한가운데에는 널길이 달렸고 널방과 널길 사이는 돌판 2개로 된 널문으로 막아두었다고 합니다. 널방 각 벽면은 3.04~3.09m 정도 길이로 만들어졌고, 널방 바닥에서 천장 뚜껑돌까지 높이는 3.91m이며 널길은 전체 길이 2.2m, 너비 1.2m입니다. 널방 바닥 가운데에는 자연석으로 높이 35㎝의 네모난 축대를 쌓고 그 위에 5㎝ 두께 돌판 2개를 남북으로 놓아 주검받침을 만들었으니, 이 무덤이 정말 왕릉이었다면 왕과 왕비 두 분의 시신을 함께 모신 어울무덤[合葬墓]이라 하겠습니다. 널방과 널길의 모든 벽면과 천장과 주검받침의 둘레에는 석회를 두껍게 발랐는데, 이렇게 석회를 많이 쓴 무덤에는 물이 잘 고이지 않고 땅이 단단해져서 도굴을 방지하는 효과가 있다고 합니다.

눈에 띄는 사실은 이 무덤 속 널방을 둘러싼 벽 가운데 남쪽을 제외한 나머지 세 벽에 병풍을 둘러친 것처럼 채색한 벽화가 있다는 점입니다. 입구에서 볼 때 정면인 북쪽 벽면에 6폭, 동서 벽면에 각각 3폭씩 12폭을 채색했고 이를 다시 각 폭마다 위아래로 나누어 모두 24면에 걸친 벽화가 만들어졌습니다. 각 면마다 다른 무늬나 그림 없이 주(朱)·황(黃)·백(白)·군청(群靑)·감청(紺靑) 등 오색을 순서 없이 배색하였다는데 이는 오행(五行)에 따라 각 방위를 상징하는 물[水, 검은색, 여기서는 군청색), 불[火, 붉은색], 나무[木, 파란색, 여기서는 감청색], 쇠[金, 흰색], 흙[土, 황색]을 그려놓은 것으로 보입니다.

삼릉에서 북쪽으로 400m 쯤 올라가면 선방골 입구가 나오는데 여기에는 배동 삼존석불로 불리는 돌부처님 세 분이 계십니다. 배동 삼존불은 동남산의 감실부처님이나 국립경주박물관에 모셔진 삼화령 애기부처님(장창골 미륵삼존으로도 불립니다)처럼 7세기 초반에 세워진 불상으로 추정됩니다. 조선 시대에 넘어진 채로 여기저기 흩어져 있던 것을 1923년에 다시 세워놓았습니다. 감실부처님이나 애기부처님이 푸근하고 은은한 미소를 짓고 계시는 것처럼, 배동 삼존불 한가운데 본존여래 부처님도 친근하다 못해 장난기마저 느껴지는 미소를 띠고 있습니다. 본존여래 부처님은 큼직한 돌을 평평하게 다듬고 앞면은 돋을새김으로 장식한 우람한 체구로, 모난 발로 커다란 바위 위를 든든히 밟고 묵직하게 서 있습니다.

우람하고 묵직한 체구에도 전혀 위압감이 느껴지지 않는 이유는 이 부처님이 베풀어주시는 웃음 띤 얼굴 때문이겠습니다. 얼굴은 길이보다 너비가 더 넓어 보이는데 사각형으로 양쪽 뺨을 한껏 부풀리고 턱은 완강한 느낌으로 깎아내어 활력에 찬 모습을 보여줍니다. 짧은 코 아래 도톰한 입술, 깊이 파인 눈썹에 부풀어 오른 눈두덩, 가느스름한 눈시울에 그늘을 지우며 떠오르는 천진한 눈웃음에다 꾹 다문 양 끝 입매는 깊게 파여 얼굴 가득 허심탄회한 미소를 짓는 부처님의 형상을 완성합니다. 머리카락은 소라껍데기 모양으로 솟아오른 나발(螺髮)의 형상인데 머리카락이 없는 부분이 있습니다. 이는 "부처님의 머리카락 밑에 있는 피부 색은 붉은색이다"라는 불경의 구절을 나타내기 위함입니다.

그런데 우람한 상체와 팽팽한 어깨에 비해 하체는 다리의 윤곽이 다소 빈약하게 보이다 보니 불균형해 보입니다. 하지만 이 본존여래 부처님은 상체와 하체의 불균형조차도 오히려 친근하고 편안하게 보일 정도로 구수하고 소박한 분입니다. 부처님의 두 손은 두려운 일을 없애 주겠다는 뜻으로 오른손을 들어 편 시무외인(施無畏印), 무슨 소원이든 들어주겠다는 의미로 왼손을 내려 편 여원인(與願印)을 짓고 있습니다. 두 발은 앞선 시대의 다른 불상들보다는 도드라지게 잘 조각한 편이지만, 아직도 너무 크고 발꿈치를 들고 서 있는 것처럼 불안정한 모습으로 처리하였습니다.

옷은 통견의(通肩衣)를 입었는데, 오른쪽 어깨에 가사 자락을 약간 덮고, 팔에 걸친 옷자락은 짧고 묵직하게 내렸으며 그 밑으로는 부처님의 후광[광배(光背)]에 해당하는 면 전체로 옷자락이 덮이며 내려갑니다. 가슴에서 발목까지는 U자형의 옷 주름 다섯 가닥이 표현되었는데, 이는 7세기 초기에 세워진 익산 연동리 석조여래좌상(보물, 1963년 지정)부터 나타나기 시작한 새로운 수법일 것입니다. 이 불상의 짧은 체구, 두 무릎을 약간 굽힌 자세, 장난기 어린 미소를 지으며 동네 아이들을 다루는 시골 아저씨처럼 꾸밈없는 정감이 느껴지는 얼굴 등 투박하고 순해 보이는 형태는 중국의 위진남북조 시절 북주(北周) 또는 수나라의 불상과 유사한 양식이라고 합니다.

배동 삼존불 본존여래 부처님이 친근하고 구수한 얼굴을 하고 계신 까닭은 신라인들의 마음속 부처님의 모습을 담고 있기 때문입니다. 신라인들은 부처님이 바위 속에 머물러 계시다가 필요에 따라 형상으로 나타나시는데 늘 누추한 옷을 입으신 백성의 모습으로 나타나시며 어려운 경전을 설하는 일 없이 구수한 이야기로 농담을 하신다고 믿었답니다.32) 그래서 신라인들이 남산에 세운 부처님들은 웅장하고 아름다운 얼굴만이 아니라 시골 사람처럼 순박하고 꾸밈없는 얼굴을 많이 하고 있습니다. 이는 백성과 부처님 사이를 가로막는 벽이 없어 둘이 아주 무애(無碍)하게 꾸밈없이 소통함을 뜻합니다.

부처님과 백성이 격의 없이 닮은 형상을 띠고 있음은 대승불교의 본뜻을 그대로 반영함입니다. 대승불교에서는 부처님의 가르침인 법(法)이 어디에나 있고 어떤 모습으로든 나타날 수 있으며 중생들을 구제하기 위하여 방편을 따라 나타난다고 가르치기 때문입니

32) 윤경렬, 『경주 남산(둘)』(서울: 대원사, 1989), 86쪽.

다. 신라에 건너온 불교는 대승불교였으며 원효와 의상을 비롯한 큰스님들 역시 대승의 뜻을 좇아 깨달음에 이르렀습니다. 아까 칠불암에서 만난 원효 스님이 백성들 틈에 섞여 광대의 옷차림을 하고 바가지를 두드리며 무애가를 부르며 법을 전하신 일도 방편을 따라 중생을 구제한다는 대승의 뜻을 펼친 것입니다.

부처님이 화려한 모습이 아니라 소박한 모습으로 우리 앞에 나타남을 설파하는 이야기가 경흥 국사 이야기입니다. 신라 30대 문무왕은 아버지 태종무열왕의 뜻을 이어 삼국을 통일하고 당나라를 무찔러 마침내 통일신라를 완성한 임금입니다. 문무왕이 세상을 떠나기 전 태자(신문왕)를 불러 뒷일을 부탁했는데, 유명한 대왕암(大王岩) 이야기와 더불어 다음과 같이 유언했다고 합니다.

"임금은 어려운 자리이니 늘 훌륭한 분들을 찾아 묻고 충분히 생각한 뒤 실행하라. 경흥 스님 같은 분은 훌륭한 분이다."

이에 신문왕은 임금이 된 뒤 경흥 스님을 불러 나라의 스승 되는 국사(國師)로 모셨고, 경흥 스님이 대궐에 들어올 때는 말을 타고 들어올 수 있게 했습니다. 원래대로라면 누구를 막론하고 대궐 앞 하마비(下馬碑)를 보면 말에서 내려 걸어 들어가야 하는데 경흥 스님에게는 이를 면제해 준 것입니다. 그래서 경흥 스님은 대궐에 들어갈 때마다 늘 말을 타고 다녔습니다. 스님이 탄 말은 금은으로 장식했고, 스님이 입은 가사와 장삼과 관 역시 금은으로 화려하게 꾸며진 옷이었습니다. 스님이 행차할 때마다 수많은 백성이 모여 우러르며 예배했습니다.

그러던 어느 날, 경흥 스님을 친견하러 모인 백성들 가운데 남루한 옷차림을 하고 구걸하는 거지 스님 한 분이 있었습니다. 게다가 이 스님은 말린 물고기가 담긴 광주리를 등에 지고 있었습니다. 경흥 국사를 모시고 가던 종자가 물고기를 지고 가는 거지 스님을 보고 꾸짖었습니다.

"어찌 불도를 닦는 사람으로서 물고기 같은 부정한 물건을 등에 지고 다니는가? 여기 계신 분이 누구신지 모르고 이런 일을 하는가?"

그러자 거지 스님이 웃으면서 받아쳤답니다.

"두 다리 사이에 산 고기를 끼고 다니는 중도 있는데 말린 물고기가 뭐가 어떻다는 말인가?"

그리고는 껄껄 웃으며 가버렸답니다. 이를 본 경흥 국사는 종자에게 거지 스님을 뒤따라가 보라고 지시했습니다. 종자는 거지 스님을 쫓아 남산 문수사까지 갔는데, 거지 스님은 문수사 문밖에서 종적을 감췄고 스님이 들고 다니던 광주리와 지팡이는 문수사 법당 앞 문수보살상 앞에 있었으며 광주리에 든 것은 말린 물고기가 아니라 소나무 껍질이었답니다. 이에 놀란 종자가 돌아와 이 사실을 알리자, 경흥 국사는 곧장 말에서 내려 남산을 향해 깊이 절한 뒤 화려한 가사와 관을 벗어 말 안장에 얹고 말했답니다.

"지금 문수보살이 오셔서 내가 말 타고 다니는 일을 크게 꾸짖으셨던 게다. 어찌 말을 탈 수 있다는 말인가? 이 말을 가져가고 내가 평상시에 입던 가사와 장삼을 가져오너라."

화려한 의복과 의전을 벗어던진 경흥 국사는 그 다음부터 아무리 먼 길에도 말을 타고 다니지 않게 되었답니다.

**배동 삼존불은 본래는 지붕 없이 빈 터에 덩그러니 놓여 있었습니다.
세 분 부처님의 얼굴이 비바람에 깎이고 패여 상할까 싶어
지붕을 씌웠는데, 정작 지붕을 씌우자
세 분 부처님의 순박한 미소가 잘 보이지 않게 되어 버렸습니다.**

배동 삼존불에서 남산 둘레길을 따라 올라가면 포석계곡과 포석정(鮑石亭) 터가 나옵니다. 옛날에는 성남이궁(城南離宮)이라고 불렀는데, 임금이 남산 신성을 지키는 장수와 재상들과 함께 머문 휴게소였다고 여겨집니다.[33] 이곳 포석정에서는 돌로 만든 홈통 수로에 남산 포석계곡의 계곡물을 끌어들여 흐르게 하고 그 위에 술잔을 띄워 놓은 뒤 술잔이 오기까지 시 한 수를 쓰게 해서 못 쓰면

33) 윤경렬, 『경주 남산(하나)』(서울: 대원사, 1989), 72쪽.

벌주로 한 잔 주고 잘 쓰면 잘 썼다고 한 잔 주는 연회를 벌였는데, 이런 연회를 유상곡수연(流觴曲水宴)이라고 불렀답니다. 포석정이란 이름은 술을 띄워 놓는 구불구불한 홈통이 마치 전복[포(鮑)] 껍질처럼 생겼다고 하여 붙여진 이름입니다.

이 돌 홈에 물을 담아 술잔을 띄워 본 사람들의 말에 따르면 술잔의 크기에 따라 흐르는 속도가 빠르기도 하고 느리기도 하고, 술잔 속에 술을 담은 양에 따라 느리거나 빠르게 흐르기도 하고, 수로의 굴곡진 곳에서는 물이 빙글빙글 돌면서 흐르기 때문에 타원형의 수로를 술잔이 춤을 추며 흐르는 시간은 약 10여 분이 걸린다고 하니 이 시간쯤이면 옛 선비들은 오언시(五言詩)나 칠언시(七言詩) 한 수는 쓸 수 있었을 것입니다. 현재 돌 홈통의 머리 쪽에는 큰 느티나무 뿌리가 물이 들어오는 입구 쪽을 밀어 올려서 높아져 있고, 물이 흘러 나가는 배수구 쪽은 포석계곡에 흐르는 개울물에 깎이거나 쓸려가서 급속히 낮아져 있습니다.

포석정에 대하여 『삼국유사(三國遺事)』 처용랑(處容郎) 망해사조(望海寺條)에서는 “헌강왕(憲康王)이 포석금(鮑石今)에 놀러나와 남산신(南山神)의 춤을 보고 왕이 따라 추었는데 이 춤을 어무상심(御舞祥審) 또는 어무산신(御舞山神)이라 했다”라고 기록합니다. 무엇보다도 『삼국사기』에는 경애왕(景哀王) 4년(927) 11월에 왕이 포석정에 나가 잔치하고 놀다가 후백제 왕 견훤(甄萱)의 기습을 받아 경애왕은 자결을 강요당해 죽고 왕비와 시녀들은 견훤과 그의 부하들에게 겁간당하고 신하들 역시 모두 죽거나 포로로 끌려갔다는 비극의 기사가 실려 있습니다.

그래서 많은 사람들에게 포석정은 신라 망국의 현장으로 알려져 있습니다. 적군이 서울까지 쳐들어오는 줄도 모르고 향락에 젖은 군주가 전쟁 통에도 노래와 춤과 미인만 즐기다가 망국의 수난을 맛보았다는 이야기는 신라뿐만 아니라 역사 속 여러 나라에서 찾아볼 수 있습니다. 그래서 조선의 유학자들은 군주가 황음(荒淫)하여 무도(無道)한 상태에 빠지지 않도록 경계하는 수단으로 포석정의 비극을 들었습니다. 유명한 남명 조식(南冥 曹植, 1501~1572) 선생도 포석정을 두고 시 한 수를 읊었습니다.

楓葉鷄林已改柯 계림의 단풍나무 잎들은 이미 가지가 바뀌고
甄萱不是滅新羅 견훤이 무릇 신라를 멸망시킨 것은 아니라네
鮑亭自召宮兵伐 포석정이 스스로 궁을 치는 병사를 불렀으니
到此君臣無計何 이리 되도록 임금도 신하도 어찌 계획 없었는가

그러나 『삼국사기』에 실린 포석정 이야기를 읽다 보면 미심쩍은 점들이 있습니다. 먼저 기록에서는 견훤이 서라벌을 기습해 점령하고 경애왕을 처단한 시기가 11월이었다고 말합니다. 그런데 오늘날에도 쌀쌀한 계절에 속하는 11월인데, 과연 야외에 있는 포석정에서 잔치를 열 수 있었을까요? 추운 날씨에 찬물에 술잔을 띄워 놓고 덜덜 떨며 시 한 수인들 읊을 수 있었을까요? 그래서 어떤 사람들은 헌강왕이 남산신이 추는 춤을 따라 '어무상심무'를 추었다는 『삼국유사』의 기록에서 유추하여, 경애왕이 포석정에서 향락을 즐긴 게 아니라 도저히 아무 방법이 없어서 제사라도 드리지 않았을까 생각하기도 합니다. 이곳 포석정은 험한 산과 무성한 대숲

과 맑은 개울이 절경을 이루고 있으니 천신이나 산신에게 제사를 드리기도 좋은 곳이기 때문입니다. 적어도 경애왕은 경우 없이 향락에 찌든 군주는 아니었을 것입니다.

신라 망국의 비극을 안은 포석정을 떠나 2킬로미터 쯤 북쪽으로 걸어가면 나정(蘿井)이 나옵니다. 망국의 땅과 건국의 땅이 서로 맞붙어 있는 모습으로, 나정에서 시작한 신라의 역사가 천년 세월을 돌아 포석정에서 사실상 끝나는 셈입니다. 『삼국사기』에 따르면 나정은 신라 시조 박혁거세(朴赫居世) 거서간이 나타난 곳으로 기록되어 있습니다. 진한 6촌(六村)의 하나인 고허촌(高虛村)의 촌장 소벌공(蘇伐公)이 양산 밑 나정 우물 옆에 있는 숲 사이를 바라보니 하늘로부터 이상한 빛이 드리웠고, 그 빛 속에 흰 말 한 마리가 무릎을 꿇고 울고 있었는데, 인기척을 느낀 흰 말은 자리를 박차고 울면서 하늘로 날아올라 사라졌다고 합니다. 말이 무릎을 꿇고 있던 우물가에는 오색 빛깔을 띤 상서로운 기운이 감돌았는데 그 기운에 감싸인 붉은 알 하나가 보였답니다. 그 알을 이상히 여겨 깨어보니 잘생긴 사내아이가 나왔는데, 소벌공이 이에 기뻐하여 아이를 나정 우물물로 씻어내자 아이 몸에서는 광채가 나고 뭇 새들과 짐승들이 몰려와 아이의 탄생을 축하하듯 춤을 추고 울었다고 합니다.

아이가 자라 열세 살이 되었을 때, 여섯 마을 촌장들은 함께 모여 의논한 끝에 마을들을 하나로 모아 나라를 세우기로 하고, 알에서 태어난 이 신기한 아이를 높이 받들어 새 나라의 첫 임금으로 삼았습니다. 나라 이름은 서라벌이라 짓고, 첫 임금의 이름은 박혁거세 거서간이라 하였으니 곧 우리나라 모든 박씨의 시조입니다. 박처럼 둥근 알에서 나왔다 하여 박씨가 되었다고도 하고, 혁거세(赫居世)라는 이름을 소리대로 읽는[음독(音讀)] 대신 '붉을 혁(赫)'과 '누리 세(世)'의 뜻을 새겨 읽어[훈독(訓讀)] '불거누리'(밝은 누리)라고 읽었다고도 합니다. '불거누리'를 소리 나는 대로 한자로 옮기면 『삼국사기』에 기록된바 '불구내(弗矩內)'가 됩니다. 밝음을 동경하여 하얀 옷을 즐겨 입던 우리 조상들은 새 임금을 향해 밝은 다스림으로 밝은 세상을 만들어 달라는 희망을 걸었겠지요. 그런 나라를 만들기 위하여 채택한 제도가 바로 원효 스님과 함께 이야기했던 화백회의 제도였다고 하겠습니다. 회의에 참여한 모두의 뜻을 두루 듣고 아울러 하나로 만들어야만 회의에서 나온 결론에 힘이 생기고, 모인 사람들 속에서 반목과 분열이 아닌 조화와 통일이 이뤄집니다. 화백회의를 통해 운영된 신라가 한반도 구석에서 몸을 일으켜 강국이 되고 마침내 삼국통일을 이루기까지 화백회의의 정신이 가져다주는 힘이 없었을지요?

나정 옆에 있는 마을 이름은 남간마을이라 합니다. 본래 이곳에 있던 절 남간사(南澗寺)에서 나온 이름입니다. 남간사는 신문왕대(681~692)와 효소왕대(692~702)의 고승 혜통(惠通)의 집이 있었던 은천동(銀川洞)에 있었다고 하나 언제 누가 세웠는지는 알려진 게 없습니다. 신라 애장왕과 헌덕왕 때에 이 절에서 수행했던 일념(一念) 스님이 「촉향분예불결사문(觸香墳禮佛結社文)」을 지은 것으로 볼 때 헌덕왕 이전에 창건되었음을 알 수 있습니다. 그러나 이 절에 관한 역사의 기록은 더 찾을 길이 없습니다. 남간사는 언제 무너졌는지도 모르게 폐사(廢寺)되고 절터 위에 마을이 들어섰습니다. 천룡사 터에 세워진 마을처럼 남간마을도 남간사에 남아 있던 주춧돌과 축대를 사용하고 있습니다.

남간마을 안 골목으로 들어가면 오른쪽에 논밭이 있는데 그 한가운데 덩그러니 돌기둥 두 개가 서 있습니다. 1987년에 보물로 지정된 남간사지 당간지주입니다. 절의 깃발을 단 쇠기둥을 당간(幢竿)이라고 하는데, 이 당간을 지탱하기 위해 양옆에 세우는 돌기둥이 당간지주입니다. 논밭 한가운데 남아 있는 당간지주를 비롯해 부처님의 상을 모신 8각의 대좌, 절에서 쓸 물을 대었을 석정(石井)과 주춧돌 등이 남간마을 여기저기 남아 있습니다.

남간사 바로 옆 언덕에는 창림사 터 3층 석탑이 홀로 높이 솟아 있습니다. 창림사 역시 언제 세워졌는지는 알 수 없습니다. 그런데 창림사가 언제 세워졌는지 추측할 수 있게 해 주는 의외의 자료가 있습니다. 원나라의 화가이자 서예가로 송설체(松雪體)를 창시했던 조맹부(趙孟頫, 자는 자앙(子昂), 1254~1322)는 『동서당집고첩발(동서당집고帖跋)』이라는 저술에서 "창림사비는 신라 김생의 글씨로 자획에 전형(典型)이 깊어 당인(唐人)의 명각(明刻: 뛰어난 조각가)이라도 이를 능가하지 못한다"(「창림사비발(昌林寺碑跋)」)라고 칭송했습니다. 김생은 신라의 명필로 『삼국사기』에 따르면 성덕왕 신해년(711년)에 태어나 80세가 넘도록 붓을 놓지 않고 정진해 예서, 행서, 초서에 이르기까지 모두 뛰어난 솜씨를 보여 신필(神筆)로 불렸답니다. 김생이 80세일 때는 원성왕 7년(791년)이니 적어도 그 이전에는 창림사가 창건되었다고 보입니다.

창림사는 신라가 고려로 바뀐 다음에도 여전히 큰 절로 명성을 떨쳤습니다. 1021년(현종 12년)에는 왕실에서 경주 고선사(高僊寺)의 금라가사(金羅袈裟)와 부처 정수리뼈[佛頂骨], 창림사의 부처 어금니[佛牙]를 가져와 내전에 안치하였다고 합니다. 언제 창림사가 사라졌는지는 알 수 없으나, 『세종실록지리지』에는 금오산(남산)의 옛 궁궐터에 지어진 창림사가 폐사되어 없다고 기록합니다. 절터는 상·중·하 3단으로 나뉘어 있고 여기저기 흩어져 뒹구는 주춧돌의 크기를 보면 창림사가 남산에서도 손꼽힐 만한 큰 절이었음을 알 수 있습니다. 그러나 지금은 흰 화강암으로 세워진 3층 석탑, 김생의 글씨를 담은 비석을 세웠던 돌거북 두 마리, 석등연대石燈蓮臺) 등만이 남아 있습니다.

창림사 3층 석탑은 남산에 있는 61기의 탑들 가운데 가장 큰 탑입니다. 탑 꼭대기를 장식하는 상륜(相輪)을 제외한 높이가 7m, 아래 기단 너비만 4.5m입니다. 아래 기단 위 상층 기단에는 동남산 양피사 석탑에서처럼 팔부신중(八部神衆)이 새겨져 있습니다. 위로는 하늘로부터 아래로는 아수라장 지옥에 이르기까지 각자의 자리에서 부처님의 불국토(佛國土)를 수호하는 신장(神將)들이 팔부신중인데, 이 팔부신중들이 탑 아래에 새겨져 있음은 곧 탑의 몸체가 하늘의 세계이며 그 위에 부처님이 계심을 뜻합니다. 창림사 석탑의 팔부신중은 안타깝게도 절반은 없어졌고 천부상, 건달바, 마후라가, 아수라 넷만 남았는데 그중에서도 아수라상이 가장 상태가 좋고 선명합니다. 구름을 타고 하늘에서 내려오는 모습인데 풍성한 양감과 박력 있는 자세는 신령한 기운까지 드러내는 듯합니다. 딱딱하고 단단한 돌 위에 어찌 저토록 부드럽게 바람에 휘날리는 천의(天衣) 자락을 새겨놓았을까요? 실로 강함과 부드러움이 하나로 융합된 신라 예술 자체라는 생각을 합니다.

창림사 3층 석탑에 새겨진 아수라는 얼굴 셋에 팔 일곱 개 달린 모습에 바로 뜬 눈과 굳게 다문 입술을 하고 있어 지옥을 다스리는 왕 다운 위엄이 넘칩니다. 커다란 체구에 철갑을 두른 차림으로 구름 위에 위풍당당하게 앉은 아수라의 두 손에는 해와 달리 들려 있고 다른 두 팔은 앞으로 들었는데, 오른손에는 금강저(金剛杵) 방망이를 들어 가슴에 올렸고 왼손에는 해골과 뼈를 쥐어 자기 배 앞에 들었습니다. 지옥의 왕이라는 점을 강조하기 위함입니다. 다른 두 팔은 좌우 무릎 위에 얹었는데 오른손에는 갈고리, 왼손에는 염주가 들려 있습니다. 1층 사면에는 쌍바라지문이 문고리까지 정연히 새겨져 있는데 이는 부처님이 드나드는 곳임을 강조하기 위함입니다. 1층 지붕돌 위에는 체적을 줄여 균형미를 갖추면서 2, 3층이 얹혀 있습니다. 지붕돌 받침은 통일신라 초기나 중기 탑들처럼 5단으로 되어 있습니다.

이렇게 장엄한 석탑이 1977년경까지는 허물어진 채 탑의 몸돌과 지붕돌들만 절터 여기저기에 뒹굴고 있었습니다. 1978년 돌들을 수습하여 다시 제자리에 세웠으나, 팔부신중이 새겨진 돌판 여덟 개 중 네 개는 찾지 못해 남은 네 개만 복원하였습니다. 이 탑이 세워진 연대는 문성왕 17년(855)으로 추정합니다. 조선 말기의 위대한 서예가 추사 김정희 선생은 〈창림사무구정탑원기〉라는 글

현재 천관사는 발굴작업과 유구 복원작업을 거쳐 당시 절의 전체적인 규모와 건물의 배치 등을 알 수 있게 되었습니다. 부서진 3층 석탑도 재건되었는데, 특이하게도 이 탑은 신라 시대의 다른 석탑들과도 전혀 다르게 팔각으로 된 지붕과 몸체를 가지고 있음이 밝혀졌습니다.

을 모사해 남겼는데, 이 글은 문성왕이 창림사에 탑을 세우고 축원한 뜻을 새긴 글로, 당나라 대종 9년에 탑을 세웠다고 적혀 있는데 바로 이 해가 855년입니다.

탑 아래쪽 솔숲 사이에는 신라 시대에 만든 이색적인 돌거북이 두 마리가 있습니다. 얼굴을 높이 들어 뒤로 젖히고 입은 크게 벌려 둥근 구슬을 물고 있으니 거북이 용의 모습으로 바뀌어 가는 형상입니다. 그래서 창림사 이후 나타나는 돌거북들은 모두 용의 모습으로 나타납니다. 바깥쪽 발은 땅을 딛고 있는데 안쪽 발은 옆으로 밀치면서 헤엄치듯 기어가는 모습을 하고 있으며, 발은 거북이 등에서 조금만 나와 있고 꼬리는 모두 오른쪽으로 돌린 모양입니다. 잔등에는 여러 모양의 거북이 등껍질[귀갑(龜甲)]이 모나지 않게 사실적으로 표현되어 있고, 등껍질 가운데는 야트막한 언덕을 이루고 있어 부드러운 촉감마저 느끼게 합니다. 바로 강함과 부드러움이 조화를 이루는 신라의 아름다움이라 하겠습니다.

서남산 둘레길을 돌면서 마지막으로 들러갈 곳은 천관사입니다. 천관사는 천관(天官)의 집터에 세운 절로, 고려 시대의 문인 이인로의 『파한집(破閑集)』에 실려 있는 김유신(金庾信)과 관련된 이야기가 전합니다. 김유신은 젊었을 때 우연히 천관이라는 기생을 알게 되었는데, 깊은 정에 빠져 매일 그녀의 집에 찾아가곤 하였답니다. 이 사실을 안 김유신의 어머니 만명부인(萬明夫人, ?~?)은 아들을 불러 "네가 장차 이 나라의 대들보가 되어 공명을 세워 나라에 충성하고 부모를 영화롭게 하기를 바랐는데, 천한 기생과 사귀어 스스로 귀함을 버리니 웬일이냐"고 물으면서 흐느껴 울었습니다. 김유신은 크게 뉘우친 뒤 "다시는 천관의 집 근처에도 가지 않겠다"라고 다짐하였답니다.

어느 날 김유신은 오랜만에 만난 친구와 취하도록 술을 마시고서 집으로 돌아왔는데, 그를 태운 말이 어느새 천관의 집 앞에 이르러 멈추었습니다. 천관은 오랫동안 만나지 못한 김유신을 보자 기쁘기도 하고 원망스럽기도 하였지만, 감회를 억누르고 문 앞으로 뛰어나왔습니다. 그러나 정신을 차린 김유신은 어머니와의 약속을 어기고 대장부의 결심을 헛되이 한 죄가 모두 말 때문이라면서, 말의 목을 벤 뒤 뒤도 돌아보지도 않고 집으로 돌아가 버렸습니다. 이 일로 인해 천관은 김유신을 사모하며 원망하는 노래인 「원사(怨詞)」를 짓고서 죽고 말았답니다. 뒷날 늙은이가 된 김유신은 사랑했던 옛 여인 천관을 위하여 그녀의 집터에 절을 세워 천관사라 불렀다는 이야기입니다. 천관사는 폐찰된 뒤 절터는 논밭으로 쓰였고 3층 석탑은 무너진 채로 여기저기 뒹굴고 있습니다.[34]

34) 이 글은 고청 선생이 타계한 해인 1999년을 배경으로 쓰인 글입니다. 국립경주문화재연구소에서는 2000년 5월 25일부터 2001년 12월 30일까지 천관사 터를 발굴하여 조사하였습니다. 발굴 당시 팔각형 탑신부 형태의 탑지(塔址)가 확인되었는데, 이는 8세기 중·후반경의 것으로 판명되었습니다. 이 밖에 건물터 5곳, 문터(추정) 1곳, 석등터 1곳, 석조시설 2곳, 우물 3곳이 확인되었습니다. 유물로써 금동불상을 비롯, 천(天)자명 명문기와가 수습되었으며, 3층 석탑은 흩어진 몸돌과 지붕돌을 모으고 없어진 몸돌과 지붕돌은 새로운 돌을 맞춰 2020년에 복원하였습니다.

11. 월정교 다리 위에 남긴 이야기들

월정교에는 원효 스님이 요석공주를 만나 파계하여 설총을 얻었다는 설화뿐 아니라 안민가(安民歌)를 지은 충담 스님의 설화가 담겨 있습니다. 안민가에 담긴 왕도정치의 이상은 충담 스님의 내면에서 유학과 불교가 대립 없는 조화를 이뤘음을 보여줍니다.

고청사에서 출발해 남산 둘레길을 한 바퀴 돌아 이제 마지막 월정교(月淨橋)까지 왔습니다. 월정교는 신라가 천년을 잇는 내내 궁궐이었던 월성을 감싸고 흐르는 문천 위에 놓인 다리로, 서라벌 남쪽에서 서남산을 옆에 끼고 올라와 서라벌 도심으로 들어가는 길목입니다. 반대로 문천 북쪽에서 이 다리를 건너면 남산 신성과 남산의 수많은 절과 울산 가는 길에 오릅니다.

『삼국사기』에서는 "경덕왕 19년(760) 2월에 궁궐 남쪽 문천 위에 월정교와 춘양교(春陽橋) 두 다리를 놓았다"라고 기록합니다. 경덕왕의 시대는 아버지 성덕왕과 형 효성왕에 이어 신라가 정치적으로나 문화적으로나 가장 안정되고 번영한 전성기였고, 서라벌은 18만 호가 거주하고 당나라, 일본, 발해, 서역에 이르기까지 수많은 외국인이 왕래하는 국제적인 대도시였습니다. 이후 520년이 지나 고려 충렬왕 6년(1280)에 월정교를 수리하였다는 기록이 있는 점을 보면 월정교는 고려 시대에도 건재했으며 황룡사를 불태웠던 몽골의 침공에도 화를 입지 않았다고 하겠습니다.

월정교에 이르고 보니 원효 스님께 한 가지 궁금한 점이 있습니다. 세간에는 원효 스님께서 월정교보다 하류에 있는 느릅나무 다리[유교(楡橋)]를 건너다 물에 빠진 일을 계기로 하여, 태종무열왕의 여동생으로 과부가 되어 있었던 요석공주(瑤石公主)와 만나 정을 통하였고 둘 사이에서 설총(薛聰) 선생이 생겨났다고 합니다. 아까 칠불암에서 말씀하셨던 대로라면 스님께서는 34세에 고구려를 거쳐 육로로 당나라에 들어가시려다 실패하셨고, 11년 뒤 45세에 돌방무덤에서 주무시다가 깨달음을 얻으셨다고 했습니다.

그런데 『삼국유사』의 기록을 따르면 스님께서 요석공주와 혼인하며 파계하시고 설총 선생을 얻으셨다는 때는 39세에서 44세 사이라고 합니다. 스님이 무덤에서 깨달음을 얻으셨던 시기가 661년이라면, 요석공주를 만나 파계하여 설총을 얻은 사건은 깨달음에 앞서 일어난 일이 됩니다. 그리고 655년경 설총이 태어났다는 기록에 비춰 보면 원효 스님은 655년부터 661년까지 파계에 따른 무애행을 하다가 의상 스님과 함께 당나라 가는 길에 올랐던 것입니다.

많은 이들은 원효 스님이 무덤에서(널리 알려지기로는 해골물을 마시고) 깨달음을 얻은 다음 무애한 마음으로 거칠 바 없이 자유분방하게 요석공주를 만나고 설총을 얻고 무애가를 부르며 백성들을 교화했다고 생각합니다. 그러나 순서를 맞춰 보면 무덤에서 깨달음을 얻은 사건이 나중이고 요석공주와의 만남이 먼저입니다. 그리고 원효 스님이 요석공주를 만나기에 앞서 저잣거리를 다니며 "누가 내게 자루 없는 도끼를 주겠는가? 내 하늘을 받칠 기둥을 깎으리라"라고 부른 노래 역시 무덤에서 깨달음을 얻기 전에 부르신 노래가 되겠지요.

태종무열왕이 원효 스님이 부르는 노래를 듣고는 스님이 자식을 얻을 생각이 있다고 여겨 요석공주를 이어주려 하였다는 점도 흥미롭습니다. 이는 인도에서 중국으로 건너와 활약했던 큰스님 구마라습(鳩摩羅什, 344~413)의 이야기를 떠올리게 합니다. 구마라습 스님은 401년경 인도에서 중국으로 넘어와 장안(長安, 현 시안시)에 머무르며 죽기까지 12년 동안 35부 300권 이상의 불경을 번역했습니다. 이 번역은 중국인들의 사고방식과 언어에 불경을 짜맞춘 번역이 아니라, 불경의 원어를 사용하는 인도인이 자신의 사고방식을 유지하면서도 중국인들의 언어와 사고방식에까지 통달하여 두 세계를 자유자재로 오가며 소통하며 이뤄낸 번역이었습니다.

그런데 구마라습 스님이 입적하시기 12년 전에 중국에 왔음에도 불구하고 중국어에 통달하게 된 이유는 무엇이었을까요? 아마도 스님이 강제로 결혼생활을 영위해야 했기 때문인지도 모릅니다. 구마라습 스님을 인도에서 초빙한 후진(後秦)의 국왕 요흥(姚興)은 이 분같이 탁월한 천재가 후사를 남기지 않는 건 아깝다고 여겨 스님에게 여자 10명을 붙여주고 같이 살게 했답니다. 그래서 구마라습은 매우 면구스럽고 겸연쩍어하면서 "진흙탕에서 연꽃이 돋아나면 연꽃만 취하고 진흙은 취하지 않는다"라고 말했답니다.

원효 스님도 이 구마라습 스님처럼 임금의 눈에 들어 임금의 뜻에 따라 후사를 얻게 된 셈입니다. 구마라습 스님은 10명의 여자를 데리고 살면서 아들도 손자도 얻었다는데 스님 같은 천재는 안 나왔답니다. 대신 3천 명이 넘는 제자들이 남아 구마라습 스님의 뒤를 이었습니다. 원효 스님이 얻은 아들 설총은 신라에서 으뜸가는 문필가로 이름을 얻었고 한문을 우리말로 읽을 수 있게 하는 이두(吏讀)와 향찰(鄕札)을 집대성하는 업적을 남겼으니 원효 스님이 구마라습 스님보다는 자식 농사를 잘 지으셨다고 하겠습니다.

그렇다면 원효 스님은 어떤 심정이었을까요? 이 사건은 분명 스님으로서 범하면 안 될 계율을 범한 사건, 파계였습니다. 요석공주를 만나기에 앞서 이미 당대의 뛰어난 학승(學僧)으로 명성이 높았던 원효 스님이었기에 태종무열왕의 눈에 들었을 것이고, 그렇기에 태종무열왕은 홀몸이 된 여동생 요석공주를 원효 스님에게 붙여주었을 것입니다. 그러나 원하든 원하지 않았든 평생을 지키겠다고 서원한 계율을 깨뜨린 스님의 속마음은 어떠하였을지 상상해봅니다. 소성거사를 칭하고 광대 차림으로 노래를 부르고 징과 꽹과리를 치며 백성들 사이를 누빈 사건은 민중에게 불법을 전파하기 위해 그들과 같은 모습으로 살아간 사건이었을까요, 파계로 인한 마음속 혼란을 다스리지 못해 일어난 일탈이었을까요?

상상은 꼬리에 꼬리를 뭅니다. 과연 원효 스님을 통해 설총을 낳은 요석공주는 어떤 마음으로 스님을 만나고 지아비로 받아들였을까요? 설화에 따르면 신라 방방곡곡을 떠돌던 원효 스님이 어느 굴[혈사(穴寺)]에서 입적하신 뒤, 아들 설총은 아버지 원효 스님을 그리며 아버지의 뼛가루가 섞인 흙으로 상을 만들어 분황사에 모셨다고 합니다. 이 설화를 되씹어보면 원효 스님이 세속 여염집의 지아비들처럼 요석공주와 설총을 돌아보지는 않았던 듯합니다. 그런데도 아버지를 그리워하며 아버지의 상을 살아계신 것처럼 모셨다고 하니, 원효 스님은 요석공주와 설총 모자와 함께 살지는 않았어도 마음으로는 떼려야 뗄 수 없이 이어져 있었던 건 아닐까 합니다.

물론 『삼국유사』의 기록은 이른바 정사(正史)가 아니라 야사(野史)이고 설화이니 편년체의 기준으로 『삼국유사』 속 원효 스님과 요석공주와 설총의 이야기를 재단하기는 어렵습니다. 그러나 원효 스님의 생애에 대하여 정리된 기록들과 『삼국유사』의 기록들을 모아 보면, 요석공주와의 만남과 설총을 얻은 일이 원효 스님의 삶에 큰 변화를 일으켰음은 사실입니다. 파계와 득남과 깨달음을 거쳐 45세가 된 이후 원효 스님은 신라뿐만 아니라 동아시아 불교계 전체에 명성을 떨치게 됩니다. 대승불교의 핵심이 담긴 『대승기신론』에 원효 스님이 주석을 붙인 『대승기신론소』는 오늘날까지 가장 권위 있는 『대승기신론』 해석으로 인정받고 있으며 『금강삼매경론소』 역시 『금강삼매경』을 이해하기 위해 반드시 읽어야 할 저작으로 꼽히며, 『판비량론』은 멀리 인도에서까지 쟁점이 되었던 학술 논쟁을 명쾌하게 정리하여 '해동에 부처가 났다'는 찬탄을 불러일으켰습니다.[35]

이렇듯 원효 스님은 신라에 앉아서도 불가에서 벌어지는 학술과 논쟁의 흐름을 장악하고 있었을 뿐만 아니라 논쟁이 생길 때마다 중요한 저술을 연이어 내놓으며 논의의 방향을 바꾸는 힘을 발휘했습니다. 이는 당나라 유학에 성공한 의상 스님의 도움이 크지 않았을까 합니다. 의상 스님은 신라에서 온 이방인임에도 불구하고 당나라 화엄종의 2대 조사인 지엄 큰스님의 수제자가 되어 10년 동안 최고의 가르침을 받았으며, 의상 스님 스스로도 화엄종을 대표하는 사상가가 되었습니다. 그런 의상 스님이 당나라에서 접한 중요한 불교

35) 해리, 『낭만 경주』(경주: 해리하우스, 2022), 119쪽.

경전과 학설들을 원효 스님에게 곧바로 보내주었다고 하면 원효 스님의 업적이 어떻게 이뤄졌는지 더 쉽게 이해될 것입니다.

월정교에는 원효 스님과 요석공주의 이야기가 서려 있을 뿐만 아니라, 〈안민가(安民歌)〉를 지은 충담(忠談) 스님의 이야기도 담겨 있습니다. 『삼국유사』 권2 「경덕왕 · 충담사 · 표훈대덕(景德王 · 忠談師 · 表訓大德)」 조에는 〈안민가〉의 유래에 관한 배경설화와 향찰로 표기된 원문이 함께 전합니다. 경덕왕 재위 24년 3월 3일에 궁궐 귀정문(歸正門) 다락 위에 올라 신하들에게 "누가 영복승(榮服僧)을 데려오겠느냐?"라고 말했답니다. '영복승'이라는 말에는 '화려하게 옷을 입은 스님'이란 뜻도 있고, '왕성하게 일할 스님'이란 뜻도 있답니다. 그래서 신하들은 영복승의 의미를 '화려하게 옷을 입은 스님'으로 보고, 마침 잘 차려입고 위풍이 당당한 큰스님 한 분이 월성 앞을 배회하자 그 스님을 데려왔답니다. 그러나 경덕왕은 이 스님은 자기가 바라는 스님이 아니라고 돌려보냈습니다.

뒤이어 누더기가 된 옷을 입고 앵두나무로 만든 통을 멘 다른 스님이 남쪽으로부터 걸어왔습니다. 경덕왕은 그 스님을 기쁘게 맞이하며 이름은 무엇이며 어디서 온 스님인지 물었습니다. 스님은 경덕왕에게 자기 법명은 충담이며 남산 삼화령(三花嶺) 미륵부처님에게 차를 끓여 바치고 오는 길이라고 아뢰었습니다. 경덕왕이 그 말을 듣고 차를 한 잔 부탁하자 충담 스님은 곧 앵두나무 통에서 차를 달이는 다구(茶具)를 꺼내어 차를 만들어서는 경덕왕에게 바쳤습니다. 충담 스님이 바친 차에서는 독특한 맛이 났고 찻잔에서는 특이한 향이 진하게 풍겼습니다.

원하던 스님을 만난 데다 뜻밖에 좋은 차까지 마시게 되어 흡족해진 경덕왕은 문득 떠오르는 소문이 있어 충담 스님에게 물었습니다.

"짐이 듣기로 스님이 지은 〈찬기파랑사뇌가(讚耆婆郞詞腦歌)〉가 품은 뜻이 매우 높다[其意甚高]고 들었소. 스님이 과연 그 노래를 지으신 분이오?"

"그러하옵니다. 폐하."

"그렇다면 짐을 위하여 〈백성을 다스려 편안하게 할 노래[理安民歌]〉를 지어줄 수 있으시겠소?"

그러자 충담 스님은 경덕왕이 청한 대로 〈이안민가〉를 짓지 않고 〈안민가〉를 지어 바쳤습니다.

임금은 아버지요
신하는 자애로운 어머니요
백성은 어린아이라 여기시면
백성들이 스스로 사랑받는 줄 알리이다
굼실거리며 사는 백성들이
사랑을 먹고 스스로 다스려져
이 땅을 버리고 어디로 갈 것인가 생각한다면
나라 안이 잘 되어 감을 알리이다
아아, 임금답게 신하답게 백성답게 한다면
나라 안이 태평하리이다

경덕왕은 〈안민가〉를 듣고 아름답게 여겨 그 자리에서 충담 스님을 왕사(王師)로 봉하였으나 스님은 사양하고 자리를 떠났습니다.

이처럼 〈안민가〉가 지어진 이야기를 보면 충담 스님이 유학의 가르침을 자유자재로 활용해 경덕왕에게 나라를 다스리는 바른길을 설파하고 있음을 봅니다. 임금은 아버지요, 신하는 어머니요, 백성은 어린아이라고 비유하고 각기 자기 본분을 다하면 나라와 백성이 편안하다는 노랫말에는 공자가 말했던 정명(正名)의 뜻이 담겨 있습니다. 노년의 공자에게 계강자라는 대부가 정치의 도를 묻자 공자는 "정치란 바르게 하는 것(政者正也)"(안연 17)이라고 대답합니다. 계강자는 노나라를 좌지우지하던 삼환(三桓) 가문의 일원으로, 대부로서 취해야 할 분수에 맞지 않게 제후의 정사를 논했습니다. 그래서 공자는 제자리와 자기 분수를 알고 자기 자리에 맞는 일을 깨닫고 실천하는 것이 바름[正]이라고 직언한 것입니다.

계강자에게만 아니라 제나라 경공과 같은 제후에게도 공자는 '바름'을 역설합니다.

> 임금은 임금답고, 신하는 신하다우며, 아비는 아비답고, 자식은 자식다워야 합니다.(안연 11)[36]

당시 제나라 경공은 세금을 무겁게 부과하고 형벌을 가혹하게 했습니다. 특히 발꿈치를 자르는 월형(刖刑)을 받은 사람들이 너무 많아 월형 받은 사람들이 신는 신발이 잘 팔려나갔다고 합니다. 여

36) 君君, 臣臣, 父父, 子子.

기에 아첨하는 간신들을 곁에 두어 정치가 혼란스러웠고, 큰아들 대신 첩의 아들을 후계자로 세워 집안 질서도 어지러웠습니다. 이런 상황이다 보니 공자는 임금으로서 임금답게 행동하고, 군신과 부자 관계를 바로잡아야 한다고 경공에게 말한 것입니다.

이렇게 각자가 자기 자리와 그 이름에 걸맞게 행동하는 것이 '정명'입니다. '정명'에 대해 공자는 자로와의 대화에서 이렇게 역설합니다.

> 이름이 바르지 않으면 말이 순조롭지 못하고, 말이 순조롭지 못하면 일이 이루어지지 않으며, 일이 이루어지지 않으면 예악(禮樂)이 일어나지 못하고, 예악(禮樂)이 일어나지 못하면 형벌(刑罰)이 알맞지 못하고, 형벌(刑罰)이 알맞지 못하면 백성들이 손발을 둘 곳이 없게 된다. (자로 3)[37]

여기서 이름이란 각자에게 주어진 역할을 일컫습니다. 그러므로 이름에는 그에 걸맞은 능력과 행동과 책임이 따라야 합니다. 그런데 만일 역량이 부족하거나 책임감이 없어서 이름에 걸맞게 행동하지 못한다면 사람들이 신뢰하지 못합니다. 신뢰하지 못하면 함께 일할 수 없고, 명령을 해도 일이 이뤄지지 않게 됩니다. 그렇게 되면 사회의 질서와 조화가 무너지고 형벌도 제멋대로 내려지기 때문에 혼란스러워집니다. 그래서 공자는 이름을 바르게 하는 것, 이름값에 맞게 행동하게 하는 것을 정치의 요체라고 하는 것입니

---

37) 名不正，則言不順；言不順，則事不成；事不成，則禮樂不興；禮樂不興，則刑罰不中；刑罰不中，則民無所措手足.

다. 구성원들이 각자의 이름값을 하는 데서부터 사회의 신뢰가 구축되고 신뢰가 구축된 사회여야만 안정될 수 있습니다.

'정명'은 각자의 자율을 존중하면서도 관계 속에서 조화를 이룰 때 완성됩니다. 예를 들면 제 큰딸 소희는 가야금을 연주합니다. 그런데 혼자 연주하지 않고 다른 악기 연주자들과 함께 합주할 때면 각각의 음색을 가지고 오차 없이 연주하면서 동시에 전체가 모여 조화로운 하나의 소리를 만들어냅니다. '다름'을 존중하면서 '조화'가 완성되려면 각자의 서로 다른 위치에서 자기 몫을 정확하게, 바르게 수행하면서 동시에 남들과의 균형도 맞춰야 합니다. 그렇지 않으면 연주는 무너집니다. 정명이 이뤄지지 않는 사회 역시 불협화음을 일으키는 합주처럼 삐걱거리다가 무너질 것입니다. 그래서 충담 스님은 '임금답게, 신하답게, 백성답게 한다면 나라 안에 태평하리이다'라고 노래합니다.

또 하나 눈여겨볼 점은 충담 스님이 경덕왕이 제시한 노래 제목을 감히 바꾸었다는 데 있습니다. 경덕왕은 '백성을 다스려 편안하게 하겠다'[理安民]고 말하였으나, 충담 스님은 '다스림'을 제외하고 '백성을 편하게'[安民] 하는 노래로 바꾸어 대답합니다. 이는 '위민(爲民, 백성을 위함)'과 '여민(與民, 백성과 함께함)'의 차이라고도 바꿔 말할 수 있습니다. 맹자는 임금이 백성과 즐거움을 함께할 때 비로소 왕도정치가 이룩될 수 있다고 말합니다. 이는 임금이 위에서 일방적으로 즐거움을 베푸는 것이 아니라 임금이 백성의 자리로 내려가 함께 즐거움을 누린다는 뜻입니다. 충담 스님 역시 경덕왕이 청한 노래 제목에 담긴 '위로부터의 베풂'을 간파하고 유학의 본의에 따라 '백성과 함께함'과 뜻을 같이하는 〈안민〉을 노래했던 것이지요.

월정교 남쪽에서 문천을 따라 동쪽으로 걸어가면 인용사 터로 알려진 절터가 나타납니다. 『삼국유사』에 의하면 인용사는 신라가 삼국을 통일한 후 당나라와 사이가 안 좋을 때 당나라 옥에 갇혀있던 김인문(金仁問, 628~694)을 위해 지었던 절이랍니다. 김인문은 태종무열왕의 둘째 아들로 삼국통일의 군주인 문무왕의 동생입니다. 어려서부터 학문을 좋아하여 유학, 불교, 노장에 이르기까지 폭넓은 학식을 갖추었고 싸움터에서는 명장으로, 당나라와의 관계에서는 외교관으로 두루 활약했으니 실로 문무를 겸비한 인물이었답니다.

아버지 태종무열왕이 백제 멸망전을 계획할 때 김인문은 당나라를 설득하는 임무를 띠고 바다를 건너가 마침내 당나라를 움직이는 데 성공했습니다. 당나라 장수 소정방이 이끄는 나당연합군이 백제를 쳐서 멸망시킬 때에는 소정방 휘하의 부총관으로 당나라 군사를 지휘했으며, 고구려를 공격할 때에는 연로한 김유신 장군을 대신해 김흠순(김유신의 동생) 장군과 함께 신라 군대를 지휘하여 승리를 거뒀습니다.

그런데 당나라는 신라와 함께 백제와 고구려를 멸망시킨 뒤 백제에는 웅진도독부를, 고구려 땅에는 안동도호부를 두고 심지어 신라에도 계림도독부를 두어 한반도 전체를 집어삼키려 했습니다. 674년(문무왕 14년) 당나라는 유인궤(劉仁軌, 602~685)를 계림도총관으로 삼고 대군을 휘몰아 신라에 쳐들어왔습니다. 이에 신라는 당나라 군대를 몰아내기 위해 고구려의 유민들까지도 끌어들였고, 백제 땅을 점령한 당나라 군대와 싸웠습니다. 670년부터 677년까지 8년 동안 신라는 오랜 전쟁에 지친 상태였음에도 당나라를 물리치기 위해 사력을 다해야 했습니다.

나당전쟁 8년 동안 김인문은 당나라에 머물며 신라를 위하여 활발한 외교전을 펼쳤습니다. 때로는 당나라 고종을 달래는 한편 당나라의 정세와 군대에 관련된 정보를 모아 신라에 알리기도 했습니다. 그러다가 당나라 고종의 노여움을 사 감옥에 갇히게 되었답니다. 분노한 고종은 50만 대군을 일으켜 바다를 건너 신라로 보냈습니다. 이에 신라는 사천왕사를 짓고 명랑 법사가 펼친 문두루 비법으로 당나라 50만 대군을 서해 앞바다에 수장시켜 버립니다.

김인문이 당나라에서 감옥에 갇혀있는 동안 신라에서는 그가 무사하기를 기원하며 인용사를 짓고 여기에 관세음보살을 모시는 관음도량을 열었습니다. 『삼국유사』에서는 671년 김인문이 신라로 돌아오다 바다에서 죽으니 그 도량을 고쳐서 아미타여래를 모시는 미타도량으로 삼았다고 합니다. 반면 『삼국사기』는 김인문이 694년(효소왕 3) 당나라에서 병으로 죽었다고 하여 죽은 연대와 죽은 이유에 대해 『삼국유사』와 다르게 기록합니다. 어느 쪽이든 인용사는 7세기 후반 김인문을 위해 지어졌고, 통일신라 내내 존속되다가 고려나 조선 시대에 폐사된 것으로 여겨집니다.

12. 최씨 종택에 품은 뜻은

월정교 건너편에는 경주 최씨 종택이 있습니다. 최부잣집으로도 불리는 집입니다. 이 집에서 저와 우리 가족은 몇 년이나 세 들어 살아야 했습니다. 이북에서 내려와 이곳 경주를 제2의 고향으로 삼고 산 지도 18년째가 된 1966년은 정말 괴롭고 힘든 한 해였습니다. 신라의 문화유산과 풍속을 담은 그림엽서를 만들어 파는 사업을 하려던 게 화근이었습니다. 서울에서 사업하는 친구와 함께 인쇄소에 가서는 남의 돈까지 빌려 만여 장이나 계약하고 경주로 내려왔는데, 그림엽서가 다 되어갈 무렵 인쇄소에 불이 나는 바람에 모조리 타 버렸습니다. 집은 20만 원인데 빚은 백만 원이나 되었으니 엽서 때문에 진 빚은 집을 팔아도 못 갚을 지경이었을 뿐 아니라 매일 불어나기까지 했습니다.

아무런 연고도 없이 경주에 내려온 이북 사람이 남의 돈까지 떼어먹는 꼴이 되어 막막하기만 한 심정으로 근화여중에서 미술 수업을 하고 있는데, 급사가 찾아와 전화 왔다고 불렀습니다. 고향 후배 정장순이 경주농협 지점장 대리로 발령받고 경주로 왔는데 내 소식을 듣고는 돈을 빌려줄 테니 저당 잡힐 것을 구하라는 겁니다. 그러나 인왕동 734번지 우리 집을 가지고는 저당도 잡힐 수 없어 역시 막연했습니다. 하늘이 무너져도 솟을 길은 있음인지, 같은 고향 출신 의사 주형호 형이 자기 집을 담보로 내줄 테니 빚을 갚으라고 했습니다. “사람부터 살려놓고 봐야지 무슨 소리인가”라고 말리는 사람들을 무질러 버린 주형호 형 덕분에 40만 원을 대출받아 빚 절반을 갚고, 우리 집을 30만 원에 팔아 대강 큰불은 껐습니다. 빚은 겨우 무마했다지만 집이 없어져 버렸으니 막막하기는 마찬가지였습니다. 그때 길을 열어준 게 최부잣집이었습니다. 최부잣집에 사는 동안 다행히도 일이 잘 풀려 산더미 같던 빚도 다 갚을 수 있었고, 저당 잡혀 있던 주형호 형의 집도 저당이 풀렸습니다.[38]

'부자 삼대(90년) 가지 못한다.'라는 말처럼 아무리 부자라 할지라도 한 세기를 넘기기는 쉽지 않습니다. 하지만 제가 세 들어 살았던 최부잣집은 12대 300년 동안 부를 누렸습니다. 그들은 어떻게 살았을까요? 조선 중기 경주에 흉년이 닥쳐 거리에 굶어 죽는 사람들이 허다했습니다. 그러자 최부잣집의 가장이었던 최국선은 "많은 사람의 굶주림이 이 지경에 이르렀는데 어찌 집안 재물을 아껴 저들이 죽어가는 것을 보고만 있겠는가?"라고 말하며, 자기 곳간을 털어 이웃들을 구제했습니다.

당시 부자들에게 흉년이란 재산을 불리는 절호의 기회였습니다. 지금도 주식이 폭락하거나 공황이 일어나 알거지가 된 사람들이 있으면 그 알거지가 된 사람들의 돈을 쓸어 담아 일확천금하는 부자들도 있지요. 불황과 공황이 부자들에게는 오히려 기회입니다. 오죽하면 2년 전 1997년 IMF 외환위기 때 부자들은 돈이 굴러다닌다며 "이대로!"를 외쳤다는 소리가 있었겠습니까. 마찬가지로 옛날에도 부자들은 형편이 다급한 농민들이 굶어 죽지만 않으려 헐값에 내놓은 농토들을 부지런히 사들여 재산을 늘렸습니다. 이렇게 사들인 땅은 벼 한 섬이란 헐값에 샀다고 해서 '한 섬 논'이라고도 불렸다지요. 그러나 최부잣집은 정반대로 행동하고 이를 가훈으로

38) '월정교 건너편…'부터 '…풀렸습니다'까지는 윤경렬, 『마지막 신라인 윤경렬』(서울: 학고재, 1997) 204~206쪽을 대화체로 각색한 것입니다.

못 박습니다. 이를 육훈(六訓)이라 합니다.

1년에 만석 이상의 재산을 쌓지 마라.
흉년에는 남의 땅을 사지 마라.
나그네를 후히 대접하라.
사방백리 안에 굶어 죽는 사람이 없게 하라.
진사 이상의 벼슬을 하지 마라.
시집온 며느리는 3년 간 무명옷을 입어라.

만석 이상의 재산을 쌓지 말라는 말은 가진 종잣돈으로 정당하게 재산을 불리는 것 이상으로 이익을 추구하지 말라는 뜻입니다. 종잣돈 이상으로 탐욕을 부리면 그 탐욕에 잡아먹혀 오히려 손해를 보게 됩니다. 탐욕에 눈이 멀면 판단력이 마비되어 분명히 보이는 손해도 이익으로 착각하게 되고, 해서는 안 될 일조차도 돈 때문에 하게 됩니다.

흉년에 남의 땅을 사지 말라는 말에는 남의 불행을 나의 이익으로 삼지 말라는 뜻이 있습니다. 나는 남과 별개의 존재가 아니라 똑같은 사람이고 똑같은 마음을 가졌으며 나로부터 출발해 이웃과 사회와 나라와 천하에 이르는 커다란 관계 안에서 연결되어 서로 영향력을 주고받는 존재들입니다. 그런데 내가 남의 불행을 딛고 나의 이기적인 이익만을 추구한다면 다른 사람들 역시 똑같이 남을 이용해서라도 이익을 추구할 것이기에 관계망은 끊어지고 맙니다. 만인에 대한 만인의 배려 대신 만인을 향한 만인의 투쟁이 일어나는 세계가 되는 것이지요. 그런 세계가 난세입니다. 난세를 막는 일이란 바로 흉년에 남의 땅을 사지 않는 것과 같이 사소한 일입니다.

나그네를 후히 대접하라는 말은 비록 이름 없고 아무 사이도 아닌 사람이라 할지라도 소중하게 대접하라는 말입니다. 사람들뿐만 아니라 온 세계 만물들이 커다란 관계 안에 하나로 이어져 있으니 말입니다. 그러므로 사랑이란 사람과 사람을 넘어온 세계 모든 것들에게로 이어져야 합니다. 그렇다면 나그네들은 오죽할까요? 그들은 사회에서 소외된 사람들일 수도 있고, 힘든 여행길에 돈도 없고 지쳐 쉴 곳을 찾아온 사람들일 수도 있습니다. 바로 그런 사람들 하나에게 사랑을 베푸는 일, '사람다움'을 베푸는 일이 다시 나에게로 돌아올 수 있습니다.

나그네 하나에게 미치는 사랑의 범위를 넓히고 넓히면 사방백리까지 이릅니다. '수신제가치국평천하'가 달리 있는 게 아닙니다. 사방백리 안에 최부잣집으로 인해 더불어 살아가는 사람들이 많이 있다면 그 사람들이 흉년을 맞아서나 혹은 생각하지도 않은 환란을 맞아 굶어죽는 일이 없도록 돌봐줘야 합니다. 그것이 '사람다움'의 실천이자 최부잣집이 지켜온 '노블레스 오블리주'입니다. 지위와 부에 따른 사회적 의무와 책임을 다하는 것입니다.

진사 이상의 벼슬을 하지 말라는 말은 자기가 가진 부유함에 만족하고 권력이나 다른 것까지 추구하지 말라는 말입니다. 서양에서는 명예와 권력과 부 세 가지 가운데 하나씩만 취할 수 있다는 격언이 있다지요. 둘 또는 셋을 모두 가지려는 건 과욕이고 과욕을 부리면 반드시 그 부작용으로 파멸하게 된다고 가르치지요. 최부잣집도 권력에 나아가지 않고 있는 재산을 지키고 불리며 그 재산으로 이웃과 공생하길 추구했습니다. 최부잣집의 재산은 훗날 독립운동에도 쓰였고 최부잣집의 후손들 역시 독립운동에 투신했다가 감옥에서 죽기까지 했습니다. 현대에 들어 최부잣집의 재산은 대구에 있는 영남대학교로 이어져 오늘에 이르고 있습니다. 경주는 바로 이 최부잣집과 같은 정신이 깃들인 사람들이 사는 고장이었기에 저와 같은 이북 사람을 한없이 따뜻하게 품어주었던 곳입니다.

1948년에 드디어 저는 우현 선생과 오지호 선생이 심어주신 뜻을 따라 경주로 향했습니다. 1949년 경주에 한국풍속인형연구소 '고청사(古靑舍)'를 설립하고, 우리나라만의 밝은 아름다움이 담긴 토우를 만들어야겠다고 다짐했습니다. 풍속 토우를 제대로 만들려면 우선 옛사람의 얼굴과 의복에 대해 알아야 했습니다. 어릴 때부터 풍속 토우 제작을 꿈꿨던 터라 풍속에 관한 것은 모두 그려서 모아뒀던 터였습니다. 개성에 있을 때는 박물관에서 고구려벽화를 모사했고, 공민왕릉의 문인석, 무인석, 12지신상들을 그렸습니다.

경주에 와서도 풍속자료를 수집하는 방법은 별반 달라진 게 없습니다. 저는 고분 발굴 현장에 가 통일신라 사람들이 입었던 옷, 쓰던 그릇, 무기, 온갖 장신구 류를 보고 하나하나 스케치했습니다. 그림은 사진과는 달랐습니다. 옷 주름 하나라도 정확해야 고증자료로 쓸 수 있기에 세밀하게 그려야 했습니다. 신라인들의 풍속과 얼굴을 그린 그림들이 쌓여가는 동안, 저는 마치 기갈이 든 사람처럼 계림으로, 첨성대로, 괘릉으로, 석굴암으로 헤매고 다니면서 신라의 향기에 한없이 취했습니다. 그러면서 더욱 확신했습니다. 경주

야말로 일본의 독소를 지우고 우리 풍토에 맞는 밝고 찬란한 예술을 찾을 수 있는 곳이라고 말입니다.

저는 먼저 교육에 눈을 돌렸습니다. 경주 시민 모두가 문화재를 아끼고 사랑하려면 아직 때 묻지 않은 어린이들에게 먼저 가르쳐야 한다는 생각이었습니다. 1952년 경주박물관 관장이던 진홍섭 선생을 만나면서 그 뜻은 구체적으로 모양을 갖췄습니다. 경주 어린이 박물관 학교의 탄생이었습니다. 누가 들으면 뜬구름 잡는 한가한 소리라고 비웃었을 꿈이었습니다. 6.25 전쟁이 막 끝나고 난 뒤 우리나라에 남은 전쟁의 상처가 채 아물지 않은 시절이었으니까요. 당장 하루하루 먹고 사는 일이 급한데 무슨 어린이 박물관 학교냐고 손사래를 쳤던 사람들이 많았습니다.

그러나 그렇기 때문에 오히려 더 열심히 아이들에게 신라의 문화유산과 그 안에 담긴 정신을 가르쳐야 했습니다. 무너진 집과 불타버린 논밭은 시간이 지나면 다시 세우고 일굴 수 있지만, 전쟁으로 피폐해진 아이들의 심성과 정감을 그대로 놓아둔다면 시간이 지날수록 더욱 피폐해지고 사나워질 것이었습니다. 우리 아이들이 사는 경주 땅 그리고 한반도 땅이 얼마나 오래된 내력을 품고 있는지, 오랜 세월에 걸쳐 이 땅에 쌓여 온 조상들의 문화유산에 담긴 아름다움과 마음씨가 어떤 모습인지를 가르쳐주지 않는다면 이 아이들은 자기 뿌리도 알지 못하고 자기 안에 얼마나 아름다운 것들이 깃들어 있는지도 깨닫지 못하리라는 절박한 마음이 있었습니다.

모든 것이 열악했지만, 뜻을 함께하는 사람들의 순수한 열정이 모이고 쌓였습니다. 드디어 1954년 10월 10일, 박물관에서의 첫 수

업이 이루어졌습니다. 문은 언제나 열려 있었고, 돈은 어떠한 명목으로도 받지 않았으며, 수업 시에는 존댓말을 썼습니다. 저는 아이들에게 신라의 문화유산을 소개하고 가르치는 한편 근화여고에서 미술교사로 일했고, 고청사도 계속 꾸려나갔습니다. 그러는 동안 신라문화뿐만 아니라 백제와 고구려까지 아우르는 안목이 나름대로 점점 더 깊어지는 것을 느끼며 기쁨에 잠기기도 했습니다. 훗날 신라문화가 백제문화를 배척하지 않았느냐는 가시 돋친 질문을 받은 적이 있었는데, 저는 이렇게 대답했습니다.

> "석굴암의 조각을 보면 남자처럼 엄격하면서도 여자처럼 부드럽습니다. 부드러운 건 백제적 요소이고, 엄격한 건 고구려적 요소입니다. 신라인들은 그런 요소들을 합쳐 전체적으로 짜임새 있게 구성했으니 삼국의 문화가 조화된 것입니다. 그리고 백제는 멸망하지 않았습니다. 온조 왕조가 막을 내린 것일 뿐입니다. 권력이 바뀐다고 민족이 멸망하는 거라면 지구상에 남아있을 민족은 없습니다. 백제는 고려 시대를 거쳐 조선 시대까지 숨 쉬고 있는데 멸망했다는 말은 하지 맙시다."[39]

1974년부터 저는 남들이 보기 무섭다고 할 만큼 남산에 집중하기 시작했습니다. 서라벌 남쪽에 있다 해서 이름이 붙은 남산은 신라의 처음이자 마지막이었습니다. 서쪽의 나정(蘿井)은 신라 첫 임금 박혁거세의 탄생 신화가 깃든 곳이었고, 근처 양산재(楊山齋)는 신라 건국 이전 서라벌에 있었던 6촌의 시조를 모신 사당이었습니

39) 윤경렬, 『마지막 신라인 윤경렬』(서울: 학고재, 1997), 258~259쪽.

다. 포석정은 신라 말기에 경애왕(신라 제55대 왕, 재위 924~927)이 후백제의 견훤에게 죽임을 당한 곳으로 신라의 종말을 상징합니다. 그뿐만 아니라 경주 남산은 최고봉인 고위봉(494m)과 금오봉(468m) 두 봉우리에서 흘러내리는 44골과 180봉을 안고 있는데 여기엔 고분, 왕릉, 절터, 불상, 탑 등 엄청난 유적이 있습니다. 그러니 발길 스치고 눈길 머무는 산골짝마다 석불이요, 석탑이요, 절터인 곳이 남산이었습니다. 『삼국유사』에 보면 서라벌에 대한 일연스님의 비유 부분이 있습니다.

> 寺寺星張 塔塔雁行(사사성장 탑탑안행)
> 절들이 별처럼 펼쳐지고, 탑들은 기러기 떼처럼 날아간다.

어쩌면 위의 문장을 그대로 가져다 붙여도 될 정도로 남산은 서라벌의 상징이었고, '산속의 노천박물관'이었습니다. 감히 단언하건대 '남산을 보지 않고서는 신라를 안다고 할 수 없다"고 하겠습니다. 그런데 정작 남산을 소개하는 이렇다 할 책은 거의 없었습니다. 일본 사람들이 일제강점기에 남긴 책 몇 권만 있을 뿐이었습니다. 안타까운 일이었습니다.

그래서 환갑을 일년 앞두고 저는 한 가지 발원을 세웠습니다. 아들 광주와 큰딸 소희, 막내 자희까지 자녀 셋을 불러 모아 놓고 "환갑에 막걸리 한 잔씩 대접하는 것보다 남산에 대한 책을 나눠주는 편이 좋겠다"는 의사를 전하자 모두들 수긍했습니다. 잔치 비용으로 남산 조사를 시작했습니다. 숱하게 오르내리던 산이었지만 책을 내자고 마음먹으니 작은 것도 지나칠 수 없었습니다. 나무꾼과 마을 노인들에게 막걸리 한 잔씩 대접해가며 자료를 수집했습니다. 남산 골골을 샅샅이 조사하는 동안 아내 순이도 함께 산을 오르내리며 저를 도와줬습니다.

40여 곳의 골짜기를 구석구석 돌아다니며 알게 된 것은 사찰과 탑, 바위부처가 없는 곳이 없다는 사실입니다. 남산의 시작과 마무리는 모두 부처님이었습니다. 저는 산줄기와 넝쿨을 헤치고 다니며 바위 곳곳에서 부처님을 친견했습니다. 부처님은 언제나 서민의 모습으로 나타났습니다. 시골에서 흔히 볼 수 있는 마음씨 좋은 할머니같이 소박하고 인정 넘치는, 한마디로 구수하고 정겨운 얼굴이었습니다. 그래서 남산을 오르내릴 때마다 저는 꾸밈없이 수수하지만 밝고 맑은 신라인들의 얼굴을 발견할 수 있었고, 신라인들의 얼굴 안에 담긴 백제와 고구려 사람들의 얼굴과 마음을 찾을 수 있었고, 그 얼굴과 그 마음이 오늘날 우리나라 사람들에게도 대를 이어 내려왔음을 발견할 수 있었습니다.

남산을 알면 알수록 저는 이곳이 신라사람들에게는 법당이자 불국토였음을 알게 됐습니다. "남산은 큰 산도 아니요 절경도 아니다. 그래도 남산은 우리 겨레가 알아야 하고 지켜야 할 소중한 산이다. 이 산에는 겨레의 꿈이 어린 신화가 있고 겨레의 종교가 숨쉬고 예술문화가 깃든 예술의 산이기 때문이다"라고 제가 쓴 책에 글을 남기기도 했습니다. 남산을 오르내릴 때마다 새로운 발견과 새로운 깨달음을 얻는 기쁨이 있었기에 몇 번을 오르내려도 지겹기는커녕 언제나 즐거웠습니다. 경주를 찾는 사람들에게 남산을 소개하거나 답사하기 위해 한 달에 두 번꼴로 오르내렸다손 쳐도 어느새 600번이 넘게 남산을 올랐구나 싶습니다.

환갑을 훌쩍 넘긴 1977년 여름, 2년여에 걸친 조사를 마쳤습니다. 주변의 도움을 받아 원고를 정리했는데 막상 출판하겠다는 곳이 많지 않았습니다. 그래도 1979년 『경주 남산 고적순례』(경주시)가 빛을 보게 됐습니다. 이어 부지런히 마을을 돌아다니며 담아낸 남산의 모습들을 『경주남산 하나. 둘』(대원사. 1989), 『겨레의 땅 부처님 땅』(불지사. 1993) 등으로 출간할 수 있었습니다. 그 일은 환갑을 챙기는 일보다 몇십 배는 더 보람된 일이었습니다.

저는 글을 쓰는 사람도 아니고 미학을 공부한 사람도 아닙니다.

고청기념관과 고청생활관 전경

다만 흙을 빚어 만드는 풍속토우를 만들었을 뿐입니다. 그리고 우리나라의 아름다운 얼굴을 찾아 산천을 헤맸을 뿐입니다. 그 끝에서 저는 신라 1000년의 역사가 흐르는 경주 남산 속 소박하고 인정이 넘치는 부처님들을 만났습니다. 꾸밈없는 표정에서 배어 나오는 맑고 밝은 부처님 얼굴은 부처님이기도 하고 신라인이기도 하고 두고 온 고향 주을에 계신 어머니 얼굴과도 같았습니다. 저는 아름다움이란 큰 것도 아니요, 작은 것도 아니요, 그 산천과 그 민족에 어떻게 조화를 이루는가를 살펴봐야 한다는 이치를 알게 됐습니다. 그래서 저는 신라의 맥, 불교의 맥을 잇기 위해 노력했습니다. 제 평생 보람된 일이 있었다면 우리의 풍속 인형을 만든 일과 경주 남산을 조사하고 소개한 일, 그리고 경주의 어린이들에게 우리 문화의 아름다움과 자긍심을 가르친 일이었다고 단언할 수 있습니다. 그래서 얼마 전 쓴 글에서(1997년) 이렇게 제 생애 여정을 갈무리해 보았습니다.

> "인생이란 완전한 발판 위에서 사는 것이 아니고 끊임없이 불완전한 발판을 쌓으면서 사는 것이라 생각된다. 가끔 오랫동안 남의 생각에 맞추어 움직여온 손끝이 아닌가 싶어 솔직해져야 한다고 스스로에게 말해본다. 솔직해지려고 애쓰는 것 자체가 솔직하지 못한 때문인 것 같다. 그럴 때는 어릴 때 제일 처음으로 흙으로 만들었던 것을 다시 만들어본다. 불완전한 발판들이 쌓이고 쌓여서 몇 대가 흐르면 그래도 뭔가 꽃이 피지 않을까 간절히 기대해보면서 …"40)

40) 윤경렬, 『마지막 신라인 윤경렬』(서울: 학고재, 1997), 298쪽.

맺음말

고청 선생의 꿈이 끝나는 자리는 1999년 그분이 세상을 떠나던 해입니다. 고청은 1999년 세상을 떠나면서 수많은 이들의 추모 가운데 남산에 그 유골을 흩뿌렸으니 그의 온몸과 혼은 신라의 옛터와 하나 되어 진정으로 마지막 신라인이 되었다고 하겠습니다. 그분의 마지막 해 어느 날에 대하여 막연한 상상력을 발휘한 데서 이 책은 출발했습니다. 그래서 저는 고청 선생과 원효대사, 고운 최치원, 매월당 김시습을 화자로 삼고 고청 선생이 남산 둘레길을 따라가며 이 세 분과 더불어 신라의 역사와 문화, 예술에 관하여 대화하는 형식의 플롯으로 글을 써 보았습니다.

나아가 저는 고청이라는 분을 단순한 향토사학자나 문화연구자만이 아니라 유엔교육과학문화기구(UNESCO, 유네스코)에서 추구하는 가치인 '다양성과 보편성의 조화'를 이룩한 존재로 자리매김

하고자 합니다. 유네스코에서 제정한 〈세계유산협약〉에서는 세계유산의 기준을 1) 탁월한 보편적 가치 2) 독자적인 문화 다양성에서 찾습니다. '탁월한 보편적 가치'란 어떤 문화유산이 국경과 민족을 넘어 모든 인류가 보호해야 할 가치를 갖고 있음을 뜻합니다.

모든 인류가 보호해야 할 만큼 탁월한 가치란 그 문화유산만이 가지고 있는 '독자적인 문화 다양성'에서 찾을 수 있습니다. 과거 제국주의 시대에 발생했던 문화적 약탈과 오리엔탈리즘의 관점에서 벗어나 각 문화권에 속한 문화들이 각자 고유한 특성을 가지고 수평적으로 교류하는 데 문화 다양성의 요체가 있습니다. 그렇다면 고청 선생과 세 분 선생님들의 사유 속에서 구현된 가치와 목표는 어떻게 유네스코가 추구한 '다양성과 보편성의 조화'에 닿을까요?

글의 첫머리에서 소개했듯 남산과 남산을 누볐던 세 분 선생님들의 사유에는 '포함'과 '무애'의 뜻이 담겨 있었습니다. 최치원 선생은 유학과 불도와 선도라는 삼교(三教)를 한꺼번에 아우르고[포함包含] 그 결과물로 여러 생명을 변화시키고 온갖 조화를 일으키는 데서 신라인들만의 특징적인 도리를 찾았고 이를 풍류도(風流徒)라 하였습니다. 선생이 풍류도를 닦았을 남산 상서장에서 이 책의 여정은 출발했지요.

원효 스님을 통해서는 '무애(無碍)'를 보았습니다. '같음' 속에는 '다름'이, '다름' 속에는 '같음'이 들어있기 때문에 같음과 다름은 서로 얽혀 있는데 이를 깨닫지 못하니 어느 한쪽에만 집착하게 되었지요. 그런 모든 집착과 대립을 해소하는 근원이 바로 일심이었습니다. '깨끗함과 더러움, 참과 거짓, 너와 나, 부처와 중생, 속세와 해탈…' 이와 같은 일체의 대립을 넘어서는 한마음[일심(一心)]이었지요. 일심으로 돌아가면 속세와 해탈이 다르지 않고 부처와 중생이 다르지 않다는 깨달음에 이른 원효 스님은 거리낌 것 없이 무애를 외치며 서라벌 한복판과 신라 온 땅을 돌아다녔습니다.

김시습 선생은 유·불·도를 하나로 응축했다는 점에서 최치원 선생을 닮았고, 탈속해 스님이 되었다는 점에서는 원효 스님을 닮았습니다. 특히 원효 스님에 관한 비문을 읽고 깨달음의 실마리를 찾았다는 사실은 시공을 넘어선 인연을 보여줍니다. 김시습 선생이 도달한 경지를 보여주는 인물은 『금오신화』〈남염부주지〉 속 박생이지요. 박생은 꿈속에서 만난 염왕과의 토론을 통해 유학과 불교와 도교를 비롯한 이승의 학문들 사이 경계를 넘고 모두를 하나로 아우르는 눈을 얻습니다. 원효 스님이 서로 뜻이 달라 싸우는 주장들을 하나로 아우르는 '화쟁'을 말씀하신 뜻과도 같지요.

마지막으로 고청 선생은 당신 말씀대로 토우 인형 하나 만드는 일에서 출발해 우리나라 토우에 담긴 아름다움이 어디서 왔는지 그 뿌리를 찾고 싶은 마음을 품었던 분입니다. 아름다움을 낳은 뿌리를 찾는 노력은 고구려의 억셈과 백제의 부드러움을 모두 아울러 하나로 만든 신라의 아름다움에 이릅니다. 그것은 서로 다른 문화에 담긴 다양성을 배척하는 대신 하나로 일치하여 만들어낸 결과였습니다. 고청 선생은 신라의 아름다움 하나에서 '포함'과 '무애' 그리고 다양성과 보편성의 조화를 찾아낸 것입니다.

이렇게 고청 선생과 세 분 선생님과의 대화 가운데 드러난 포함과 무애를 오늘날의 언어로 풀어보면 그 뜻이야말로 유네스코에서 추구하는 가치들과 닿아 있다고 하겠습니다. 세 분 선생 모두 서로 다른 사상이라는 다양성이 하나로 일치하게 하는 지점을 찾았습니다. 최치원 선생의 풍류, 원효 스님의 화쟁, 김시습 선생의 신화 그리고 고청 선생의 아름다움에 이르기까지요. 그리고 그분들의 노력은 누구에게라도 탁월한 보편성으로 받아들여질 만한 경지에까지 이르렀습니다.

그래서 저는 네 분 선생님들이 누볐던 경주 남산은 한국의 고유한 문화유산을 담은 공간인 동시에 '포함'과 '무애'로 요약되는 다양성 속의 일치를 드러내는 '글로컬'한 공간이며, 유네스코에서 추구하는 세계유산의 기준인 탁월한 보편적 가치와 문화적인 다양성을 모두 드러내는 공간으로 봅니다. 유네스코가 한국의 문화유산 중에서도 경주의 유물과 유적들이 신라문화의 탁월함을 보여준다는 점을 들어 〈경주역사유적지구〉라는 이름으로 경주 내 5개 권역을 세계유산으로 지정한 이유도 여기에 있었을 것입니다.

이처럼 경주 남산 그리고 위의 네 분 선생님들의 삶이 담고 있는 '탁월한 보편성'과 '문화적인 다양성'의 의미와 가치를 우리 앞에 생생하게 그려내기 위해 취했던 방법이 고청과 세 분 선생의 몽유기였습니다. 고청 선생이 자기 발로 직접 걸었을 남산의 골짜기들 그리고 세 분 선생님들의 삶과 생각과 고뇌가 담겼을 공간들을 만나는 둘레길을 상상 속에서 거닐었습니다. 글 속에서 선생과 생생하게 대화한 세 분 선생님 –고운 최치원 선생, 원효 스님, 김시습 선생의 삶과 사유를 통해 우리는 남산에서 길러졌고 오늘까지 살아 숨쉬는 '포함'과 '무애'의 가치를 찾을 수 있었고 이를 다시

'탁월한 보편성'과 '문화적인 다양성'으로 이어갈 수 있음을 보았습니다.

그렇다면 오늘 우리에게 남은 과제는 무엇이겠습니까? 유네스코 세계유산으로서의 경주 남산이 과거의 유산으로만 남지 않고 오늘날 유네스코에서 추구하는 가치를 실현하고 전파하는 공간이 될 수 있도록 하는 방안을 모색해야 하지 않을까요? 이를 위해서는 남산 전체의 문화유산을 답사하고 상세한 기록을 남겨서 남산의 문화적 가치와 미적 가치를 밝혀냈던 고청 선생의 업적과 유산을 보존하는 작업이 필요합니다.

현재 고청기념관과 고청생활관은 국가행정기관이나 지방행정기관의 도움을 받고 있지 않으며, 고청 윤경렬의 생애와 업적을 존경해 온 경주시민들의 후원과 자원봉사로 유지되는 실정입니다. 이로 인해 2024년 홍수 피해에도 시민들이 직접 복구작업을 진행하였습니다. 이는 시민들의 자발적인 참여라는 측면에서는 의의가 있겠으나, 고청 윤경렬의 업적과 유산을 지속적이고 안정적으로 계승하는 데 어려움이 생길 가능성이 높습니다.

따라서 향후 고청기념관과 고청생활관을 보존하고 고청 윤경렬의 업적과 유산을 연구하고 발전시키기 위해서는 지방정부 차원에서 문화재단 혹은 연구소를 창설하여 기념관과 생활관을 인수하는 등 행정기관의 조력이 필요하며 가능하다면 중앙정부 차원의 사업으로 진행해야 할 필요성이 있다는 제언을 남깁니다.

【참고문헌】

『三國史記』

『三國遺事』

『한국민족문화대백과사전』

고영섭, 『원효』(서울: 한길사, 1997)

김구석 편, 『경주 남산 - 역사와 유물을 만나다』(경주: 경주남산연구소, 2024)

김시습, 『금오신화』(파주: 민음사, 2009)

김원명, 『원효: 한국불교철학의 선구적 사상가』(파주: 살림, 2008)

심경호, 『김시습 평전』(서울: 돌베개, 2003)

윤경렬, 『경주 남산 1, 2』(서울: 대원사, 1989)

윤경렬, 『경주 남산과 탑골』(서울: 열화당, 1991)

윤경렬, 『겨레의 땅 부처님의 땅』(서울: 불지사, 1993)

윤경렬, 『마지막 신라인 윤경렬』(서울: 학고재, 1997)

윤경렬, 『신라 이야기 1, 2』(서울: 창작과비평사, 1991)

조민재, 『유네스코 세계유산 이야기』(서울: 통독원, 2021)

최치원, 이상현 옮김, 『계원필경집 1, 2』(서울: 한국고전번역원, 2009-2010)

한국문화유산답사회 편, 『답사여행의 길잡이』(서울: 돌베개, 1994)

해리, 『낭만 경주』(경주: 해리하우스, 2022)

히라노 교코, 정희정 옮김, 『신라인과의 대화』, (서울: 사람in, 2000)

[스토리텔링 2013] 경북, 이야기 보따리를 풀어라 〈9〉 '마지막 신라인' 고청 윤경렬(경주) - https://www.yeongnam.com/web/view.php?key=20130715.010110812340001

함경북도 경성군 주을 출신 '영원한 신라인' 윤경렬 선생(1916~1999)과 아드님 윤광주님 : 네이버 블로그 -

https://m.blog.naver.com/donghlee1001/221586705649

김경집, 〈입당구법 위해 당항진 가던 중 직산 무덤에서 깨달음〉, 2022년 12월 30일자

https://www.buddhismjournal.com/news/articleView.html?idxno=31941

자현, [삶과 문화] 원효 해골 물 사건의 진실과 허상(〈한국일보〉 2020년 1월 2일자)

https://www.hankookilbo.com/News/Read/201912311046316027